Pour Da...

D1100451

Merci de Générosité !

(signature)

Sauvetage aux Açores

Pierre Cayouette

Sauvetage aux Açores

Libre Expression
QUEBECOR MEDIA

Maquette de la couverture :
FRANCE LAFOND

Infographie et mise en pages :
SYLVAIN BOUCHER

Éditions Libre Expression
7, chemin Bates
Outremont (Québec) H2V 4V7

Dépôt légal : 1er trimestre 2005

ISBN 2-7648-0188-2

Imprimé au Québec (Canada)

Diffusion au Canada : Québec-Livres
Diffusion hors Canada : Interforum

1

Miracle aux Açores

«C'est sûrement Robert! Ça ne peut être quelqu'un d'autre!» Plusieurs parmi les parents, amis et collègues du pilote Robert Piché ont eu ce mot, le 24 août 2001, quand ils ont appris par l'entremise de la radio ou de la télé qu'un Airbus A-330 d'Air Transat venait d'atterrir en catastrophe à l'aéroport de Lajès, sur l'île de Terceira, dans l'archipel des Açores, à la suite d'une panne de moteur. Les premières dépêches révélaient qu'il n'y avait ni mort ni blessé grave. Les proches du commandant Piché ont pensé à lui quand ils ont entendu les reporters et les experts vanter l'habileté et le sang-froid exceptionnels du pilote dans ces circonstances. Ils ont deviné que c'était Robert Piché parce qu'il *fallait* que ce soit lui, dans la mesure où sa vie est une suite d'événements peu banals et de situations périlleuses dont il finit toujours par se sortir, contre toutes probabilités.

Jusqu'à la fin de ses jours, Robert Piché gardera en mémoire ce jeudi 23 août 2001 et la nuit qui a suivi. C'était une belle journée de fin d'été, les chaleurs caniculaires étaient enfin terminées et les 23 degrés annonçaient la grande rentrée d'automne, malgré le soleil encore chaud qui se faufilait entre les nuages. Ce matin-là, il ne s'est pas rendu comme à l'habitude au gymnase où il s'entraîne religieusement tous les jours. Sachant qu'il partait le soir même pour l'Europe, il a préféré rester auprès de son épouse, Régine. Dans la matinée, le couple a rendu visite à des amis, dans les Laurentides. Le paysage était splendide et, à mesure qu'ils roulaient vers le Nord, la forêt commençait lentement à changer de couleur. Comme la plupart des gens qui ont des formations techniques ou scientifiques avancées, Piché n'est ni superstitieux, ni adepte de parapsychologie, ni versé dans l'ésotérisme. Cela dit, il jure avoir eu, quelques semaines auparavant, une étrange prémonition, un pressentiment confus mais assez fort pour qu'il s'en ouvre. Un soir, avant de se glisser dans le lit, il avait confié à Régine avoir eu « l'impression que quelque chose de gros allait lui arriver sur le plan professionnel ». Son épouse avait fait peu de cas de cette confidence et tous deux s'étaient vite endormis.

En ce début d'après-midi du 23 août, Régine dépose son mari à l'aéroport de Mirabel. De là, le commandant Piché effectuera la dernière portion d'un vol Paris–Montréal–Toronto. Les compagnies aériennes profitent souvent de ces escales pour renouveler les équipages. Au cours de cette brève envolée vers Toronto, il bavarde avec des amis pilotes venus le saluer dans le cockpit. Il y a parmi eux un ancien collègue de Québécair, le commandant Jean-Marc Roy, avec qui il a ressassé de beaux souvenirs de la fin des années 70.

Rendu à l'aéroport de Pearson, Piché a tout son temps puisque son départ pour le Portugal n'est prévu que quatre heures plus tard. Il en profite pour se reposer, vérifier la météo et échanger ses impressions avec des navigants qui s'envoleront le même soir pour l'Europe ou d'autres destinations. Dans la salle des opérations, attenante à la salle des équipages, on lui remet son plan de vol et les prévisions météorologiques. Tout lui laisse croire qu'il s'agira d'un vol de routine, car les conditions s'annoncent excellentes.

Il prend place à l'heure prévue dans le cockpit de l'Airbus, après avoir fait toutes les inspections d'usage. À 20 h, l'appareil est repoussé de la barrière. Il y avait un trafic au sol considérable, ce soir-là, car une seule piste était ouverte. Il est le 22e dans la file de décollage.

Après quelques minutes d'attente, l'Airbus 330 piloté par le commandant Robert Piché décolle de l'aéroport Pearson, à destination de Lisbonne, au Portugal. Le vol TS-236 compte à son bord 291 passagers, en majorité des Portugais ou des Canadiens d'origine portugaise, et 13 membres d'équipage. L'appareil monte à 37 000 pieds d'altitude et se dirige vers Halifax.

L'arrivée à destination est prévue pour 3 h (heure de Montréal). Pendant près de quatre heures et demie, c'est un vol transatlantique sans histoire, comme il s'en fait des milliers chaque année. Les passagers, entre deux services, ont droit au film *Chocolat*. Ceux que le visage de Juliette Binoche et le film de Lasse Hallstrom laissent de glace dorment paisiblement ou ont le nez plongé dans quelque lecture. Comme la majorité des voyageurs modernes, ils avaient regardé d'un œil distrait le résumé des consignes de sécurité avant le décollage.

Lorsque l'Airbus survole Halifax, le commandant Piché demande la permission de monter à 39 000 pieds pour entreprendre sa traversée de l'Atlantique. À Gander, le contrôleur aérien accorde l'autorisation au pilote mais lui donne une nouvelle route aérienne, à 60 milles plus au sud de la route prévue. En fonction du trafic aérien et de la météo, il est fréquent que les pilotes voient ainsi leur plan de vol modifié. Cette fois, l'équipage du vol TS-236 a été dirigé vers le couloir aérien le plus au sud. Ce changement au plan de vol a une importance capitale et a directement contribué à sauver plus de 300 vies. Sans cette modification à son parcours, a-t-on réalisé plus tard, le commandant Piché aurait été à court de 15 milles pour atteindre l'île de Terceira.

Vers 1 h 25, le commandant de bord et son premier officier, Dirk De Jager, constatent un sérieux problème d'alimentation en kérosène. Après en avoir saisi les contrôleurs aériens, Robert Piché décide dès lors de se dérouter et de faire cap vers l'aéroport de Lajès, sur l'île de Terceira, dans l'archipel des Açores.

Il prévient alors la directrice de vol, Meleni Tesic, qu'il se dirige désormais non plus vers Lisbonne, mais plutôt vers l'aéroport de dégagement et lui demande d'interrompre les services, d'en informer les passagers et de les préparer à un amerrissage. Meleni Tesic et ses agents de bord donnent les consignes de sécurité aux passagers qui doivent alors enfiler leurs gilets de sauvetage.

La perte de carburant semble importante, mais le commandant croit malgré tout pouvoir atteindre sa nouvelle destination sans perdre l'usage de ses moteurs. Après 30 ans d'expérience, l'éventualité d'une perte de carburant majeure, la nuit, au milieu de l'Atlantique, lui apparaît improbable.

Au moment du déroutement vers Terceira, l'appareil se trouve à 300 milles nautiques au

11

nord-est de cette île qui héberge un aéroport militaire portugais et américain, qui accueille aussi des vols commerciaux. L'endroit était déjà prévu dans les données de vol comme lieu d'atterrissage en cas d'urgence. La piste a une longueur de 3 500 mètres, une distance nettement supérieure aux besoins de l'appareil, du moins dans des conditions normales.

À 1 h 48, le pilote fait un appel d'urgence au contrôle de Santa Maria. À 2 h 13, le moteur droit s'éteint. Quelques minutes plus tard, soit à 2 h 26, le moteur gauche cesse à son tour de fonctionner. L'Airbus est alors à 32 000 pieds (9 850 mètres) d'altitude, à 100 milles nautiques (environ 185 kilomètres) de l'île de Terceira.

Les passagers sont brutalement plongés dans l'obscurité. Soudainement, les masques à oxygène se déploient. Même les feux de position de l'appareil s'éteignent. Les agents de bord élèvent la voix pour donner leurs consignes, car les microphones ne fonctionnent plus. Il n'y a pas de panique chez les passagers. Tous obéissent aux ordres. «À voir le visage du personnel et à entendre la voix des agents de bord, on a réalisé que quelque chose de grave se produisait, que notre vie était en danger. Plus tard, quand j'ai entendu les moteurs s'arrêter, j'ai pensé à ma fille que je laissais orpheline. Je rends grâce au pilote pour son atterrissage», a témoigné

Agostinho Romeiro, 57 ans, un passager originaire de Bradford, en Ontario. Pendant quelques instants, il règne un silence lourd dans la cabine des passagers. Plusieurs voyageurs tremblent de peur, certains pleurent. Les personnes âgées prient. Connie et Luis Magalhaes, un couple de Winnipeg voyageant à bord du vol TS-236, ont ainsi décrit l'ambiance : «Quand les agents de bord ont débarrassé tous les couverts du petit déjeuner et sont réapparus vêtus de leurs gilets de survie, certains ont commencé à pleurer et à crier. D'autres priaient à voix haute. À nos côtés, une jeune mère sanglotait : "Mon Dieu, sauvez-nous! J'ai deux enfants à Toronto qui ont besoin de moi!"» Les journaux du monde entier ont repris les propos du passager Daniel Rodrigues, 24 ans, apprenti pilote d'hélicoptère de la région de Toronto : «Ma femme était hystérique. Mon beau-père était blanc. Je ne sais pas comment j'ai fait, mais je suis demeuré calme. Je me souviens de m'être dit que je n'avais pas de testament.» Ou encore celui, mi-tragique, mi-ironique, d'un étudiant de 18 ans, Vasco Dos Santos : «Je ne pouvais m'empêcher de penser aux films de catastrophes d'avion. Tout ce que je voyais, c'était *Cast Away*, *Air Force One* et *Con Air*.» Des employés de l'aéroport ont raconté qu'un couple de Portugais se disputait à voix haute sur la piste, quelques minutes après l'atterrissage. L'homme, fervent croyant, désireux de se faire pardonner ses péchés avant de mourir afin d'accroître ses chances d'aller au Paradis, aurait avoué à sa femme, dans les derniers instants du vol, qu'il l'avait trompée avec sa sœur...

Dans le cockpit, Robert Piché ne dispose plus désormais que de 30 % de la capacité de l'avion et il choisit de s'accrocher à cet espoir au lieu de s'apitoyer sur la perte de 70 % des possibilités de l'appareil. Grâce aux batteries de l'avion, il peut quand même compter, en plus d'une radio VHF, sur cinq instruments de base requis dans tous les avions pour la navigation : l'altimètre, un horizon artificiel, l'indicateur de vitesse, l'indicateur de vitesse verticale et un ILS (appareil de navigation). Les enregistreurs de vol (les boîtes noires) ont cessé de fonctionner lorsque le deuxième moteur s'est arrêté. Dirk De Jager s'occupe des communications avec les contrôleurs. Piché avait déjà fait quelques vols en compagnie de ce jeune copilote de 28 ans aux allures de *golden boy* et le savait compétent.

Une petite turbine située sous l'aile s'est déployée. Il s'agit d'une génératrice d'urgence servant à l'alimentation minimale d'accessoires hydrauliques. Le courant ainsi obtenu n'est cependant pas suffisant pour actionner les volets – la partie de l'aile permettant de contrôler la vitesse de l'appareil ou l'angle de descente – ou pour refermer les portes du train d'atterrissage.

Quand le deuxième moteur rend l'âme, le commandant Robert Piché se trouve à 100 milles nautiques de Lajès, il demande alors à la tour de contrôle de faire clignoter les lumières de la piste. Dès qu'il a repéré l'aéroport, il s'accroche à cette lumière qui brille dans la nuit comme un don du ciel. Si le temps avait été maussade, comme la veille ou le lendemain, si une masse de nuages à 4 000 ou 5 000 pieds lui avait masqué l'horizon, il n'aurait jamais pu voir cette piste, et ses chances de réussir auraient été à peu près nulles.

Pendant près de 20 minutes, l'appareil piloté par Robert Piché effectue un vol plané au-dessus de l'Atlantique. Rien au monde, jure-t-il, n'aurait pu l'empêcher d'atteindre la piste, car il savait que s'il devait risquer un amerrissage, l'océan, sous lui, serait leur cimetière. Ces vagues, qui n'offrent pas de relief vues du ciel, transporteraient sous peu les restes de 304 êtres humains s'il tentait d'y poser son avion. Environ sept minutes avant la fin du vol, les voyageurs ont ordre de se mettre en position d'atterrissage en catastrophe, c'est-à-dire la tête sur les genoux.

Puis, l'improbable s'est réalisé. Au moment de survoler la piste, l'avion était encore à

15 000 pieds d'altitude et allait à la vitesse app-roximative de 250 nœuds (environ 450 km/h). Théoriquement, le pilote aurait encore pu faire planer son appareil sur une distance d'environ 45 milles, pas plus, d'où l'importance d'avoir été déporté 60 milles plus au sud par les contrôleurs de Gander.

Le commandant Piché a choisi de ne pas tourner en rond avant l'atterrissage. Après avoir survolé le bout de la piste à angle droit, il a fait une boucle sur sa gauche, puis a réduit son altitude. L'appareil s'est posé au beau milieu de la piste, sous l'œil ahuri du personnel de secours (*Search and Rescue*) de l'aéroport. La surface prévue pour l'atterrissage est longue de 11 000 pieds et l'Airbus a touché le sol à environ 1 500 pieds du début de la piste. Puisque l'angle de descente était prononcé et que le pilote ne dis-posait pas des aérofreins sur les ailes, le choc a été brutal. L'avion a rebondi et son nez est monté si haut que le commandant Piché a perdu la piste de vue, une situation qu'il n'avait jamais vécue en 30 ans de carrière. Il a cependant eu le génie de ne pas tenter de manœuvre et de laisser le nez retomber de lui-même. Quand l'avion a retouché la piste, il a freiné de toutes ses forces. Si les roues de l'appareil n'avaient pas touché le sol en même temps, l'avion aurait pu rebondir sur un bout d'aile et se fracasser en plusieurs morceaux.

Les passagers auraient probablement été éjectés. Comme le système hydraulique ne fonctionnait qu'à moitié, le pilote n'avait pas de contrôle sur les roues avant pour la direction au sol.

Les huit pneus du train principal ont éclaté au freinage. Un incendie a débuté, mais il fut vite éteint par les pompiers de faction. Les 291 passagers ont été évacués en glissant sur les toboggans pneumatiques en moins de 90 secondes, grâce au travail exceptionnel des agents de bord. Dans la cabine de pilotage, le commandant Robert Piché a donné un *high five* à son copilote, Dirk De Jager, puis lui a souri : « Je t'avais dit qu'on réussirait ! » Le pilote a été le dernier à quitter l'appareil, comme le prévoit la procédure en pareille circonstance. Encore ivre d'adrénaline, il n'avait, bien sûr, pas encore conscience qu'il venait d'accomplir l'un des plus grands exploits de l'aviation commerciale moderne.

Il n'y a eu que huit ou neuf blessés légers. Deux femmes âgées ont souffert de fractures et au moins cinq passagers ont été victimes de traumatismes psychologiques importants. En tout, neuf voyageurs ont dû être hospitalisés. Depuis lors, des avocats intentent un recours collectif au nom des 291 passagers. La poursuite de 70 millions est dirigée contre Air Transat, le manufacturier Airbus et le fabricant des moteurs de l'avion, Rolls-Royce. Les avocats allèguent que les trois parties ont fait preuve de négligence. Ils réclament 30 millions pour souffrances et douleurs, 30 millions en dommages-intérêts particuliers et 10 millions en dommages-intérêts exemplaires.

Joao Fernando M. Silva, conducteur d'un véhicule d'urgence à l'aéroport de Lajès, était aux premières loges pour assister à ce singulier spectacle. Tout comme les passagers, il parle littéralement de miracle :

« Je crois que les prières des pompiers au sol, au cours de ces minutes qui leur ont semblé une éternité, ont été exaucées. Le commandant Robert Piché a réussi le vol de sa vie. Vous pouvez lui offrir une retraite dorée sur l'île de son choix, il le mérite. Je ne suis pas le plus pieux d'entre les hommes, mais j'affirme sans hésiter que nous avons, mes collègues et moi, été témoins d'un miracle. Le climat était idéal ce matin-là. Le jour précédent ou le jour suivant, le pilote et son équipage n'auraient jamais pu réussir cet exploit. Quelqu'un là-haut veillait sur eux. Après l'atterrissage, l'équipage a fait un travail remarquable. Je n'ai jamais vu des passagers sortir si rapidement d'un avion, sans chaos ou panique. Plus tard, bien sûr, j'ai vu des gens pleurer et se serrer dans les bras. Mais, vous savez, ils n'étaient pas les premiers. Je n'avais jamais vu avant ce matin-là des pompiers prier ensemble pour qu'un avion réussisse à se poser au sol. Il aurait fallu que vous soyez dans l'un de nos véhicules d'urgence pour comprendre ce que je veux dire. Nous pensions tous, sans exception, que l'avion n'atterrirait jamais sur la piste. Alors, quand nous avons vu l'Airbus A-330 apparaître dans le ciel, nous étions émerveillés comme des enfants qui voient apparaître le père Noël. Je conduisais le premier camion qui a été envoyé auprès de l'appareil. Le gros nuage noir que j'ai vu alors m'a fait croire que l'appareil s'était brisé en morceaux, mais pendant que je m'approchais de ce nuage de fumée, j'ai revu l'avion en bout de piste, 600 mètres plus loin. Avant même que je puisse me rendre jusqu'à l'Airbus, la moitié des passagers étaient déjà évacués. Éteindre le petit incendie des pneus s'est fait rapidement et facilement. Quel soulagement pour les passagers et pour nous tous. […] Je ne sais pas comment la presse canadienne traite l'affaire, mais ici, au Portugal, votre pilote est un héros.»

Quand il a réalisé que les deux moteurs ne fonctionnaient plus et qu'il se retrouvait seul au-dessus de l'Atlantique, avec 300 autres passagers, Robert Piché se souvient d'avoir eu ces paroles, venues du plus profond de son être. «Ma tabarnac, tu crasheras pas! C'est pas vrai que je vais mourir ici, ce soir, à 48 ans. Je vais te montrer c'est qui qui mène ici.»

Comme tous ceux qui se trouvent soudainement plongés dans une situation où la mort semble imminente, il dit avoir pensé brièvement à son épouse, à ses enfants, à sa mère et à tous ceux qu'il aime. Il avoue avoir aussi ressenti confusément, sur son épaule, le souffle de son père, mort il y a plus de 20 ans. Très rapidement, le commandant de bord a repris le dessus sur l'être humain. Il s'est oublié, entrant alors dans une sorte de bulle, dans la «zone», et atteignant un niveau de concentration qu'il n'avait jamais connu auparavant. «Je faisais corps avec l'avion, c'était étrange. J'étais devenu l'avion, raconte-t-il. Le temps n'existait plus.»

Les psychologues ayant creusé la question ont établi que, dans ces moments extrêmes, le temps se comprime. Ceux qui ont, un jour, été en danger de mort savent qu'en ces circonstances, le temps ralentit. «Sans cette capacité d'étirer le temps, ancrée dans l'espèce humaine, l'humanité n'aurait probablement pas survécu», affirme d'ailleurs le psychologue américain Edward T. Hall. C'est exactement ce qu'a vécu le commandant Piché et, ce soir-là, il est entré dans une dimension qui échappe à toutes les explications rationnelles. Durant ces quelques minutes de vol plané, Robert Piché est devenu en quelque sorte un «surhomme». Ses sens fonctionnaient à plein, il avait un degré d'éveil situationnel extrêmement élevé et avait reçu de son organisme des doses d'adrénaline exponentielles. Il *savait*, il avait la certitude qu'il réussirait à poser son appareil sur la piste de l'aéroport de Terceira, alors que plusieurs membres de l'équipage et la plupart des passagers se préparaient à mourir. Rien au monde n'aurait pu l'empêcher de réussir. «J'étais conscient qu'il n'y avait pas de deuxième chance. Je ne pouvais reprendre de l'altitude si je ratais mon approche. Au moment d'atterrir, j'ai ressenti le plus grand *buzz* de ma vie. Je n'ai jamais, jamais douté que je parviendrais à poser cet appareil», se souvient-il.

Un an après son atterrissage miraculeux, Robert Piché commence à peine à réaliser ce qui lui est arrivé dans la nuit du 23 au 24 août 2001. Il a mis des mois à s'avouer qu'il était bel et bien un «survivant», qu'il avait frôlé la mort, tout comme les 291 passagers et les 12 autres membres d'équipage. Pendant les premiers mois qui ont suivi, il s'est acharné à nier qu'il éprouvait un quelconque choc post-traumatique, ignorant les psychologues qui lui prédisaient des réactions sévères. C'était sa façon à lui de vivre ce choc inéluctable. Il s'est cru immunisé contre toutes les conséquences, puis il a fini par comprendre, en repassant le film de sa vie, qu'il fallait que ce soit lui qui se retrouve ce soir-là aux prises avec cette situation, que toute sa vie, en somme, l'avait préparé à ce moment et qu'il avait décidé de survivre. Dans des situations extrêmes, certains s'effondrent et d'autres s'élèvent à un niveau qu'ils ne soupçonnaient pas. Lui, manifestement, s'est élevé.

La vie entière de Robert Piché le préparait en effet à cet exploit. Son existence est une suite de «zones de turbulences» dont il ressort toujours vivant et plus fort. Seul dans la crainte des montagnes, sur les pistes enneigées et glacées des aéroports de la Gaspésie ou de la Côte-Nord, aux prises avec les froids pétrifiants de la baie James, face aux vents violents et aux tempêtes de l'île d'Anticosti, dans le ciel orageux du Viêtnam, dans une prison du sud des États-Unis où il était le seul Canadien parmi 800 détenus, dans un aéroport d'Égypte où il a fait escale avec un vieil appareil qu'il devait rafistoler, dans la jungle du Montréal nocturne où il a été barman, sur les routes d'Iqualuit où il a conduit un taxi, Robert Piché a maintes et maintes fois dû faire preuve de sang-froid et d'aplomb pour se tirer de situations délicates. Il a une très forte capacité de «sauter dans le vide», de franchir les murs. Cette fois, il venait de franchir le mur de la mort.

Tous ces épisodes lui permettent, peut-être mieux que quiconque, de faire face à la situation la plus dramatique qu'un commandant de bord puisse imaginer : une panne sèche au-dessus de l'Atlantique, la nuit. Les experts estiment à sept chances sur un milliard la probabilité qu'une situation du genre se produise. Et il a fallu que ce soit lui, ce soir-là. Il n'y avait que Robert Piché à qui pareil défi pouvait se présenter. Que lui aussi qui pouvait s'en tirer. C'est l'histoire de sa vie.

2

Un aventurier précoce

Chaque fois qu'il retourne à Mont-Joli, la ville de son enfance, Robert Piché a le cœur serré et des émotions diverses l'habitent. La nostalgie de l'enfance l'envahit, des souvenirs de l'adolescence lui remontent en mémoire, des images de son père lui reviennent. Dès Rivière-du-Loup, à mesure que le fleuve s'ouvre et se dévoile, la beauté du paysage ne cesse de l'émerveiller. Il lui arrive d'ailleurs souvent, par temps clair, quand il survole sa région natale aux commandes de son gros porteur, au retour d'un voyage en Europe, de prendre le microphone et de mentionner aux passagers qu'ils survolent Mont-Joli, le pays de son enfance.

Pendant chaque séjour dans la région où il a grandi, il est accueilli avec chaleur par ses amis. Leur «Bob», comme ils l'appellent affectueusement, n'a jamais renié ses origines et y est demeuré très attaché. Il aurait pu, surtout depuis les événements du 24 août 2001, tourner le dos à ses ex-concitoyens, mais il s'en est au contraire rapproché.

À Mont-Joli, il retrouve sa mère, Estelle Piché. À 85 ans, sa vivacité d'esprit et sa condition physique constituent un défi à la médecine moderne! Aimante, généreuse, souriante, elle est la bonté incarnée, la mère que tous les hommes rêvent d'avoir. Son fils en est conscient et reconnaissant. Elle lui a toujours ouvert les bras, ne l'a jamais jugé, surtout dans les jours sombres. «C'est l'amour de ma mère qui m'a permis de passer au travers de mes années noires aux États-Unis», confiera-t-il. Il se souvient de sa réponse le jour où il lui avait lancé, du haut de ses 10 ans et avec toute sa naïveté d'enfant : «M'man, j'veux m'en aller, je veux faire le tour du monde.» Tout en s'efforçant de garder son sérieux, elle lui avait répliqué : «Ouvre la porte et vas-y, mon garçon!» Surpris, il était sorti et s'était rendu dans un champ, non loin de la maison, pour n'en revenir, penaud, que trois heures plus tard.

Mme Piché conduit toujours sa voiture, fait 30 minutes d'exercices tous les matins, tient sa maison, cuisine inlassablement, visite régulièrement des malades et des personnes âgées – des plus jeunes qu'elle, bien sûr! – et joue au bridge avec son groupe d'amies. En la côtoyant quelques heures, on comprend mieux d'où son désormais célèbre fils tire son énergie débordante, son charme et son optimisme inébranlable. Elle a eu, elle aussi, une vie mouvementée au cours de laquelle elle a souvent dû faire preuve de courage. Née à Newport, en Gaspésie, elle s'est exilée à Montréal alors qu'elle n'avait que 17 ans pour y suivre un cours d'infirmière et y travailler. Quelques années plus tard, lors d'un voyage à Québec, elle a rencontré celui qui allait être son mari et elle a tout laissé pour le suivre, follement amoureuse.

Mme Piché habite toujours la coquette maison, à quelques centaines de mètres à peine de l'aéroport de Mont-Joli, où elle a élevé ses quatre enfants, Pierre, Alain, Robert et Lucie. Son mari, Paul Piché, était voyageur de commerce, connu et aimé non seulement à Mont-Joli, mais dans toute la Gaspésie. Il s'absentait de la maison toutes les semaines et parcourait la péninsule pour vendre et livrer des pièces et accessoires d'automobiles. Aujourd'hui encore, à Bonaventure, Carleton et dans la plupart des villes et villages où il s'arrêtait, on se souvient de lui avec nostalgie. Dans les hôtels où il faisait escale, on recherchait sa compagnie. Respecté et aimé de tous, il n'avait pas son pareil pour raconter des anecdotes ou donner des leçons de politique à ses copains. Il n'avait peur de rien et personne ne l'impressionnait : ce sont des traits qu'il a transmis à son fils.

Robert Piché est né le 5 novembre 1952, à Québec, dans la paroisse de Saint-Albert-le-Grand. De sa petite enfance, il garde peu de souvenirs, sauf peut-être celui de ses voyages estivaux à Newport. Avec sa cousine Diane, qui restera jusqu'à aujourd'hui une amie précieuse, il passait des heures à construire des châteaux de sable au bord de la mer.

Il se souvient aussi avec nostalgie de son meilleur ami d'enfance, Jacques Richard, qui allait devenir bien des années plus tard une grande vedette de la Ligue nationale de hockey. Robert Piché n'avait pas tout à fait huit ans quand son père a déménagé la famille à Mont-Joli, en 1960. Son copain Jacques Richard et ses autres camarades du temps étaient prêts à le consoler, l'imaginant triste de devoir quitter Québec et ses amis. C'eût été le cas pour la plupart des enfants. Le petit Robert, lui, n'éprouvait aucune peine, tout au plus quelques regrets, à l'idée de se séparer de ses copains. Il y avait déjà en lui de la graine d'aventurier, explique-t-il, dans la mesure où il n'avait absolument pas peur de l'inconnu et était heureux d'aller vivre à Mont-Joli, souriant à la perspective de se faire de nouveaux amis.

Bien sûr, au début des années 60, dans une petite municipalité aux limites du Bas-Saint-Laurent et de la Gaspésie, le choix des activités était plutôt limité, ce qui n'est plus le cas aujourd'hui. L'époque n'est pas si lointaine, mais c'est un peu comme si elle datait d'un siècle. «Il n'y avait pas de Nintendo, pas d'ordinateurs, pas d'Internet, pas de "câblevision" avec des dizaines de postes», se souvient-il. En revanche, il y avait la patinoire l'hiver, la piscine et le terrain de balle l'été. Il y avait aussi la télé, Paillasson, avec ses patates au chocolat, *Les Cadets de la forêt*, et autres personnages qui ont bercé l'enfance des *baby-boomers*. Par-dessus tout, les enfants qui grandissaient dans ce coin de pays avaient un privilège qu'ils ne réaliseraient qu'une fois devenus adultes : grandir au contact de la nature, à quelques pas de la mer.

Robert était le troisième garçon. Il avait l'avantage et l'inconvénient d'avoir deux grands frères. Il admirait sans retenue l'aîné, Pierre, un athlète de grand talent qui excellait au hockey. Ce que Robert a pu en passer des heures à le regarder jouer sur les patinoires des environs! Il éprouvait aussi de l'admiration pour Alain, qui était l'artiste, le musicien de la famille. Il l'écoutait jouer de la batterie dans un groupe et il était très fier de lui. Être le cadet avait par contre l'inconvénient de le faire toujours hériter de leurs vieilles affaires, de leurs vieux patins, de leurs vieilles bicyclettes. Robert Piché a d'ailleurs dû attendre d'être adulte avant de jouir de son premier vélo neuf. Son fils en a gagné un dans un tirage et le lui a donné...

Quand ses deux frères sont partis au collège classique de Matane, Robert s'est retrouvé seul avec sa jeune sœur Lucie. C'était à son tour d'être l'aîné et il a développé avec elle une relation solide qui se poursuit encore aujourd'hui. Elle n'a jamais cessé d'être sa confidente.

À l'école primaire Jean-Lévesque, il n'était pas le premier ni le dernier, en français comme en mathématiques. Robert Piché n'était pas un enfant studieux et avait du mal à accepter l'autorité... ce qui ne s'est guère arrangé avec le temps! Il a d'ailleurs reçu de nombreux coups de règle sur les doigts. Quand sa mère, inquiète, allait s'enquérir auprès de la maîtresse d'école, celle-ci la rassurait, lui disait que tout allait bien, que son fils adoré était le plus beau et le plus aimable des élèves, qu'il avait une mémoire solide, et que lorsqu'on lui soumettait un problème, il trouvait toujours une façon de le résoudre.

Pour Robert Piché et ses amis de Mont-Joli, Montréal était le bout du monde.

Il arrivait parfois que le père propose à ses fils de l'accompagner dans la grande ville où il devait se rendre par affaires. Robert était toujours partant, contrairement à ses frères qui n'étaient pas nécessairement chauds à l'idée de voyager.

Robert s'en allait, seul avec son père, sa mère et sa sœur, ensemble, ils remontaient la 132 jusqu'à Montréal. En hiver, ils bravaient les tempêtes de neige et s'arrêtaient sur les (nombreux) lieux des accidents, parfois pour aider une voiture à sortir du fossé où elle s'était enlisée.

Paul leur réservait une chambre dans un grand hôtel, généralement au Château Champlain ou au Reine-Élizabeth. Son fils s'émerveillait devant les vitrines illuminées de la rue Sainte-Catherine et les grands boulevards pleins d'autos. «Mon plus grand plaisir, c'était de me baigner dans la piscine intérieure de l'hôtel», se souvient-il, attendri. Il se laissait flotter pendant de longues minutes et fixait le ciel en rêvant de la «grande vie». Au retour, il prenait plaisir à raconter ses péripéties à ses copains. Certains d'entre eux avaient du mal à croire qu'on puisse se baigner en janvier dans la piscine d'un hôtel… D'autres fois, son parrain Laurent postillon à bord du train Québec–Gaspé, faisait clandestinement monter Robert, qui en profitait pour visiter ses cousins à Québec.

En vieillissant, Robert a réalisé qu'il ressemblait beaucoup à son père. Paul Piché aimait sa vie de voyageur de commerce, comme lui chérissait son existence de pilote d'avion. « Tu pars pendant une semaine et, pour cette période, tu n'as plus de responsabilités. Tu es seul, sans femme ni enfants. Plus de patron non plus derrière toi. Tout ce que tu as à faire, c'est d'aller vendre tes produits ou, comme moi, de mener tes passagers à bon port. Après, tu retrouves tes amis. C'est le bonheur ! » dit-il.

Comme des milliers de garçons des années 60, Robert Piché est devenu enfant de chœur vers l'âge de 10 ans. Il s'était engagé avant tout par curiosité, pour découvrir cet univers de l'intérieur, voir les coulisses de l'Église. Déjà, à cette époque, il a perdu quelques illusions sur l'institution. Il se souvient d'avoir vu un prêtre boire en cachette son vin de messe Saint-Georges avant de faire la morale à ses ouailles. « Je trouvais ça très étrange », raconte-t-il. Il a abandonné cette carrière après quelques mois, estimant qu'il avait fait le tour du jardin ! Il s'est ensuite inscrit chez les louveteaux, puis chez les scouts, avec l'objectif de sortir un peu de Mont-Joli, ce qui fut fait lors d'excursions dans les environs.

Depuis l'enfance, Robert Piché se dit croyant. Il n'est pas bigot, n'a jamais observé à la lettre l'exigeant code moral catholique, mais il croit fermement en une « force supérieure ». Il lui arrive souvent, lors d'escales, d'assister à des offices religieux célébrés dans les aéroports et d'inviter d'autres membres d'équipage à l'y accompagner. Cette confiance en une «force supérieure», estime-t-il, l'aide à traverser les moments difficiles et le pousse à s'abandonner, à ne pas céder à la peur. Il y a d'ailleurs dans son très haut degré de spiritualité, reconnaît-il, l'une des explications à son attitude lors du fameux vol TS-236.

Sa foi remonte à une expérience vécue alors qu'il avait 9 ans. En rentrant à la maison après sa journée à l'école, il a surpris ses parents en pleine dispute, eux qui pourtant vivaient généralement dans la plus grande harmonie. La chicane tournait autour de l'alcool et le ton montait. Sa mère implorait son père, déjà affaibli par des problèmes cardiaques, de cesser de boire. Au terme de la discussion, elle a quitté la maison et s'est réfugiée, pour une seule nuit, chez une amie. Quand Robert et ses frères ont rejoint leur père, il était seul au salon et fulminait, totalement désemparé.

«Ne vous en faites pas, votre mère va revenir. Elle est partie chez une amie», a-t-il dit à ses fils pour les rassurer.

Plus tard, constatant que son épouse ne rentrait pas, il devint de plus en plus inquiet et songeur.

Avant d'aller en classe, le lendemain, Robert est allé s'agenouiller à l'église et, avec toute sa candeur d'enfant, il a demandé au «p'tit Jésus» que son père cesse de boire et que la paix revienne dans la famille.

Dans la même semaine, Paul annonçait à sa femme qu'il entrait chez les Alcooliques anonymes. «Dans ma petite tête d'enfant, j'en avais conclu que la prière, ça fonctionnait!» se souvient Robert Piché.

Souvent, à l'adolescence, il accompagnait son père dans sa tournée de la Gaspésie. Il visitait les clients, mangeait au restaurant et dormait toute la semaine dans les hôtels avec lui. Parfois, au retour, prenant place du côté du passager, Paul laissait son fils conduire sa grosse Chrysler, de Carleton à la maison. «N'aie pas peur! Donnes-y! On n'est pas pour arriver à Mont-Joli demain matin!» qu'il lui disait, avant de roupiller. Alors, Robert accélérait et entreprenait même de faire des dépassements. Fiston était tellement épuisé, rendu à la maison, qu'il en était fiévreux.

Son père aurait bien aimé, vers la fin de sa vie, que Robert prenne la relève de l'entreprise familiale, comme l'ont fait avec succès ses deux frères aînés, Pierre et Alain. Mais le troisième des garçons n'avait aucune attirance pour le monde des affaires. Pour lui, cela réprimerait son envie d'aventure et il avait la certitude qu'il se serait ennuyé à mourir s'il avait choisi les affaires et le confort matériel. Il serait même, de son propre aveu, «passé à côté de sa vie».

Le plus marquant de ses «voyages» à Montréal eut lieu en 1967. Ce fut sa visite à l'Exposition universelle Terre des hommes. Le parcours de Robert Piché n'est pas unique, c'est celui d'une génération entière. En franchissant les îles Notre-Dame et Sainte-Hélène, il découvrait en un même lieu des gens de tous les continents, de toutes les races, de toutes les cultures. Expo 67 lui a ouvert les yeux, lui a donné l'appétit du monde, le goût de la découverte, surtout le goût de l'Asie.

À sa première visite sur les îles, il s'est arrêté une bonne demi-heure devant le pavillon de la Thaïlande et ses pagodes dorées. Il était émerveillé, incapable d'en détacher ses yeux. Il n'entendait même pas son père qui, toutes les deux minutes, lui disait : «C'est assez Robert! Tu viens?»

Une fois à l'intérieur du pavillon, il a éprouvé une sorte de révélation en lisant le mot «Bangkok», comme si ce seul mot contenait tout l'exotisme qu'il recherchait. Fasciné, il s'est promis qu'un jour, il irait en Thaïlande. Plus tard, quand il fut pilote, son rêve s'est étrangement précisé : il atterrirait un jour à Bangkok, «dans un petit avion qu'il piloterait, en jeans, avec les cheveux longs». C'est fou à quel point Expo 67 a bouleversé sa vie. C'est là aussi qu'il a connu l'un de ses premiers flirts. À La Ronde, il avait découvert le Gyrotron, une immense construction argentée. Dans l'obscurité du manège, il en profitait pour caresser et embrasser sa cousine Diane. Il pouvait ainsi faire trois ou quatre visites du Gyrotron d'affilée.

La famille Piché vivait à quelques pas de l'aéroport de Mont-Joli. Le «champ d'avions», comme disaient alors certains locaux, était tout près. Sa mère lui rappelle souvent qu'il était le seul, parmi ses quatre enfants, à s'arrêter souvent pour regarder passer les avions dans le ciel. Il se demandait naïvement : «Comment font-ils pour asseoir du monde là-dedans et aller du point A au point B? Il n'y a pas de route dans les airs. Comment font-ils pour s'y retrouver?»

Ce «miracle» l'intriguait. Encore aujourd'hui, même après 30 ans de carrière dans l'aviation, il lui arrive de se remémorer ces remarques d'enfant. «Je décolle de Vancouver dans les nuages et le brouillard. Quelques heures plus tard, je suis à Francfort, en Allemagne! Je trouve encore ça extraordinaire, magique, même si je connais depuis longtemps les lois physiques qui permettent aux avions de voler.»

Il s'émerveille encore de cette liberté inexplicable que lui procure le fait de voler, de cet incomparable regard qu'il a sur la Terre. Vus du ciel, les paysages lui coupent souvent le souffle. Il s'émeut comme au premier jour quand il survole des grandes capitales, la nuit, et qu'il voit toutes ces lumières scintillant comme des diamants. Il se sent privilégié d'avoir cette perspective sur le monde, mais il y a plus, comme l'écrit si bien Antoine de Saint-Exupéry dans *Terre des hommes* : «[…] Le pilote qui navigue quelque part, sur son tronçon de ligne, n'assiste pas à un simple spectacle. Ces couleurs de la terre et du ciel, ces traces de vent sur la mer, ces nuages dorés au crépuscule, il ne les admire point, mais les médite.»

Jeune enfant, Robert Piché avait beau être intéressé par les appareils qui volaient au-dessus de la maison, il n'envisageait pas pour autant devenir pilote. Il n'était pas non plus un crack des avions comme certains de ses amis qui connaissaient sur le bout de leurs doigts tous les modèles et leurs caractéristiques. À 10 ou 11 ans, il rêvait plutôt de devenir acteur de cinéma! Il était d'ailleurs un peu «vedette», même à cet âge précoce, conscient de l'effet qu'il faisait sur les autres, en particulier sur les filles. «Il était très beau. Il avait quelque chose qui plaisait non seulement aux filles de son âge, mais aussi à leurs mères et aux femmes plus âgées», se souvient sa maman. Avant de l'envoyer au lit, elle lui disait parfois : «Viens me donner un beau bec d'acteur!» Et il l'embrassait en imitant les gestes exagérés des vedettes de cinéma. Il disait souvent, en blague, qu'il était une vedette, mais qu'il ne passait pas encore à la télévision. Au mois de mars 2002, Piché a repensé à cette époque, en souriant, quand il est monté sur la scène du Monument-National, à Montréal, lors du gala des Métrostar, pour aller présenter un trophée au journaliste Paul Arcand devant un million de téléspectateurs. Dans les coulisses, il se sentait quelque peu intimidé aux côtés des Robert Charlebois, Pierre Bruneau, Éric Lapointe et autres visages connus. En même temps, il était naturellement à l'aise dans ce monde, comme s'il était destiné à en faire partie un jour. Sans doute son rêve d'enfant s'est un peu réalisé ce soir-là.

À 12 ans, il s'est engagé dans les cadets de l'air. À cette époque, il a commencé à avoir un rêve qui l'a obsédé longtemps : il voulait devenir *Top Gun*, c'est-à-dire pilote d'un de ces chasseurs américains qui atterrissent sur les porte-avions. Se joindre aux cadets était la première étape à franchir avant de réaliser son fantasme. Son père avait bien ri quand il lui avait fait part de son désir.

— C'est pas sérieux, ça, mon fils. Devenir un pilote d'avion dans l'armée américaine! Voyons donc! Tu devrais penser à faire un métier qui te donnera un peu plus de sécurité.

Il ne prenait manifestement pas les ambitions de son fils au sérieux. «S'il m'avait encouragé, j'y serais peut-être parvenu, d'ailleurs. Mais je ne lui en tiens surtout pas rigueur», dit Robert Piché. À cette époque, les Québécois avaient des horizons plus étroits. Faire carrière dans l'aviation, pour un petit gars de Mont-Joli, était déjà impensable, irréaliste, comme le lui rappelait son père. Devenir pilote d'élite au sein des forces américaines relevait carrément du délire. Il fallait, dans ces années-là, avoir des rêves plus raisonnables. Combien de jeunes ont dû ravaler les leurs! On devait voir petit. Pour un Guy Laliberté, fondateur du Cirque du Soleil qui a réussi très jeune à s'implanter aux États-Unis et dans le reste du monde, combien d'espoirs étouffés, de talents détruits, d'ambitions déçues?

S'il était né pour voler, Robert Piché a cependant compris, quelques années plus tard, qu'il n'était pas fait pour la carrière militaire comme tous les esprits rebelles et qu'il devrait renoncer à devenir pilote des forces armées. En 1969, il s'était inscrit à un cours d'été, le *Senior Leadership*, au Collège militaire royal de Saint-Jean et il a constaté que cet univers n'était pas pour lui. Marcher au pas sous le soleil de plomb et endurer les ordres tonitruants des supérieurs, non merci! «Cirer tes chaussures douze fois par jour, puis voir un gars piler dessus parce qu'elles ne sont apparemment pas assez propres? C'était pas pour moi! Je détestais me faire humilier», rappelle-t-il.

Cet été-là, il a été initié à certaines réalités «canadiennes». Un soir, ils étaient une dizaine de cadets dans une salle de séjour. Il n'y avait que deux anglophones parmi le groupe et, pourtant, le téléviseur autour duquel ils étaient rassemblés diffusait une émission en anglais. Ses condisciples étaient tous trop peureux pour aller changer la station. Robert était révolté de les voir s'écraser ainsi, eux qui étaient pourtant majoritaires. Il n'a jamais pu supporter l'injustice, sous toutes ses formes.

Piché s'est levé pour tourner la roulette jusqu'à un poste de langue française. Les anglophones ont protesté.

– *Hey, you! What are you doing?*

Il s'est alors rappelé un conseil de son père qu'il aura en tête pour le reste de ses jours : «Il ne faut jamais se montrer craintif devant un autre homme, que ce soit un Anglais ou un Français. Si tu te tiens debout, il va reculer.» M. Piché voulait simplement apprendre à son fils à se faire respecter.

C'est exactement ce qui s'est passé ce soir-là. «On est en majorité, ici, puis on va écouter la télé en français, c'est tout!» a dit Robert Piché aux cadets anglophones médusés.

C'était aussi l'été des premiers pas de l'homme sur la Lune. Le 21 juillet 1969, quand Neil Armstrong a accompli son geste historique, suivi deux minutes plus tard par Edwin Aldrin, Piché était rivé à son petit écran, comme 500 millions de téléspectateurs dans le monde. Il se passionnait pour cette mission d'Apollo XI, découpant nombre d'articles de journaux et collectionnant les reportages dans *Life* et autres magazines. Il admirait particulièrement les astronautes parce qu'ils avaient surmonté habilement les difficultés techniques avant de réussir l'alunissage du module d'exploration lunaire Eagle (LEM).

Après cinq années chez les cadets de l'air, Piché s'est rendu à Bagotville pour y obtenir sa licence de pilote privé. Il n'avait pas vraiment pris le temps de lire la théorie. Quand il est monté dans l'appareil, un Cessna-150, l'instructeur lui a demandé de démarrer le moteur, lui a donné quelques indications, puis ils sont partis. Piché se surprenait lui-même de voir à quel point il apprenait vite. «Je me disais : mon Dieu, c'est pas plus compliqué que ça piloter un avion!» se souvient-il. Il a eu le droit de faire son premier vol en solo après quatre heures seulement avec un instructeur, alors qu'il pouvait utiliser un maximum de dix heures.

Tout au long de cette courte envolée, il a été malade comme un chien. Il vomissait sans arrêt, au point de souiller les moindres recoins du cockpit et il a fallu des heures pour nettoyer l'appareil. Piché n'avait pas eu peur et ne souffrait pas non plus du mal de l'air. Un trop-plein d'émotions avait déclenché cette réaction. Il était tellement bouleversé de «monter au ciel» que son organisme en a été complètement chamboulé.

Sans être malade, il a revécu un peu la même sensation quand il a suivi sa formation sur Airbus, à Toulouse, en 2000. Il a assimilé plusieurs notions complexes en peu de temps et a vite apprécié le plaisir de commander cet appareil à l'avant-garde de la technologie (l'Airbus a été le premier avion commercial au monde à être équipé de commandes de vol exclusivement électriques).

Vers la fin de sa 11e année scolaire, Robert a songé un moment suivre la trace de ses frères et cherché à entrer au collège classique de Matane. Il s'est ravisé, car il n'en avait, à bien y penser, pas du tout envie. Cette année-là, on inaugurait la polyvalente de Mont-Joli et il y a fait sa 12e année. Il ne savait pas dans quel domaine poursuivre ses études et sa visite chez l'orienteur ne l'a pas éclairé. Il avait toutefois entendu dire que le cégep de Chicoutimi offrait un cours de technique de pilotage en trois ans. Il y a fait une demande d'admission, de même qu'au collège de Rimouski, en sciences humaines, dans le but de se diriger vers le droit. Il a été accepté aux deux cégeps. En bout de piste, c'est l'aviation qui a eu sa faveur.

En septembre 1970, il a quitté Mont-Joli. Sa mère n'a pas oublié ce jour où elle et son mari l'ont conduit à Chicoutimi. Il a serré la main de son père et a embrassé sa mère avant de partir… sans se retourner. Pour Estelle, la séparation était consommée, le cordon était coupé.

Robert Piché est entré au Centre québécois de formation en aéronautique (CQFA) du cégep de Chicoutimi, option multimoteurs aux instruments, pour y suivre ce cours durant trois ans. Ils étaient 35 étudiants inscrits au programme. À la fin de la première année, une quinzaine avait abandonné ou avait été exclue. C'est dire à quel point le cours était exigeant.

Il y avait des étudiants venant de tout le Québec, puisque le cégep de Chicoutimi était le seul à dispenser cet enseignement. Robert Piché vivait une sorte de choc culturel et cela piquait sa curiosité. Plusieurs garçons de Montréal étaient dans son groupe et avaient des habitudes qui détonnaient. Ils fumaient des Gitanes, portaient des foulards en soie, se parfumaient au Brut de Fabergé. «Wow! Si juste au Québec il y a autant de différences, qu'est-ce que ça doit être dans le reste du monde!» se disait-il.

Puisque Piché possédait déjà son brevet de pilote privé, il détenait une légère avance sur les autres élèves. Durant les premiers mois, il avait davantage la tête à la fête et au sport qu'aux études. Il était le cégépien typique des années 70. Son apprentissage de la vie se faisait davantage à l'extérieur qu'à l'intérieur des salles de classe. Il jouait au hockey, au football et au volley-ball, passait beaucoup d'heures dans les brasseries où il «placotait», écoutait de la musique avec les copains et draguait les filles. Les maths, le calcul différentiel et intégral et la physique le laissaient de glace. Sa première année, il a «coulé» en maths et en physique. Il a repris et réussi ces matières, à Québec, l'été suivant. Il excellait dans les cours pratiques, mais en arrachait quelque peu dans les cours théoriques. Il lui fallait finir la deuxième année avec un bon dossier, de façon à bien passer sa licence commerciale en troisième année. Il a de nouveau échoué à ses examens de maths et de physique en deuxième année et a dû faire du rattrapage à Rimouski, l'été suivant. Il savait qu'il avait droit à une deuxième chance, mais, celle-là, il ne devait pas la rater.

Sa force se révélait quand il prenait les commandes d'un appareil. Si ses condisciples étudiaient jour et nuit, Piché réussissait en faisant tout par instinct.

Il partageait un appartement avec son ami Harold Vaillancourt, lui aussi un séducteur impénitent. Tous deux passaient ensemble de longues soirées dans les brasseries et généralement en ressortaient chacun avec une fille sous le bras. À cette époque, Piché ignorait ce que signifiait le verbe aimer et pour lui, à la limite, toutes les filles étaient interchangeables. Il avait oublié depuis longtemps Noëlla, cette fille de Sainte-Flavie, ville voisine de Mont-Joli, qui fut sa première flamme. Ils avaient tous deux 14 ans et le diable au corps. Leur histoire a duré trois ans. Elle a pris fin abruptement, et cette rupture explique peut-être le tumulte de sa vie amoureuse futile. L'été de ses 17 ans, revenu à l'improviste de Bagotville où il séjournait pour la saison, il avait surpris sa copine avec un nouvel amant. Il s'était juré que la peine infligée par cette fille ne l'empêcherait pas de terminer son cours de pilotage.

Cette histoire était bien loin, désormais. Pour son copain Harold et lui, les femmes faisaient partie de leur vie comme une drogue. Ils multipliaient les aventures, avaient soif d'absolu. Quand il établissait une relation plus durable, il rompait aussitôt que l'ennui et la routine s'installaient. Comme une grande partie de ceux qui avaient 20 ans dans les années 70, Piché a vécu à fond l'époque de la libération sexuelle. Il était de son temps, tout simplement.

Sa propension à faire la fête en agaçait toutefois plus d'un. Il lui arrivait parfois de croiser un instructeur, tard dans la nuit, à la fermeture des bars : «Piché, oublie pas que t'as un vol demain matin! T'es bourré de talent, mais tu joues avec le feu.» Le lendemain, justement, l'élève rebelle se présentait à ses exercices et réussissait, en règle générale, mieux que la majorité de ses compagnons. Il sentait bien, malgré tout, que les autorités du cégep, les responsables du programme de pilotage en particulier, n'attendaient que l'occasion pour le renvoyer du collège. Il leur a fourni un prétexte, bien malgré lui…

Tous les samedis, les étudiants avaient le droit d'emprunter un avion pour faire ce qu'ils appelaient alors des «vols-voyages». On leur prêtait un appareil afin qu'ils puissent accumuler des heures de vol et parfaire leur technique. Robert Piché en profitait souvent pour rendre visite à ses parents à Mont-Joli. Il se préparait un itinéraire : Chicoutimi–Rivière-du-Loup–Mont-Joli ou encore Chicoutimi–Sept-Îles–Mont-Joli. Un bon samedi, selon son plan de vol, il lui fallait absolument revenir à l'aéroport Saint-Honoré à 15 h 30, faute de quoi il s'exposait à des sanctions graves. Robert est rentré à l'aéroport de Chicoutimi à 17 h 15. La gaffe! Ironie du sort, l'instructeur de faction ce jour-là était un certain Robert Leblanc, le même pilote qui, en août 2001, viendra chercher Robert Piché en jet privé à Lisbonne pour le ramener à Montréal après son atterrissage en catastrophe aux Açores. Il est aujourd'hui pilote chez Skyservice, à Dorval. L'anecdote résume à elle seule le destin de Robert Piché : tôt ou tard, il retrouve toujours sur son chemin des gens qu'il a connus dans d'autres circonstances. Bien sûr, l'aviation est un milieu restreint. Il reste que des dizaines de personnes se sont ainsi retrouvées mystérieusement sur sa route à divers moments de sa carrière.

Il avait donc commis, ce samedi-là, une erreur grave. Il était en retard d'une heure et demie sur son plan de vol, car il avait improvisé un passage au-dessus de la maison de sa copine, à La Malbaie. L'instructeur était soulagé de voir revenir son élève sain et sauf, mais furieux de ce retard : «On pensait que t'avais crashé… Encore un peu et on envoyait les chasseurs de Bagotville à ta recherche.»

Conséquence directe de cette incartade, l'élève turbulent a été cloué au sol pendant une semaine et n'a pu reprendre les commandes. Pis encore, pour «régler son cas», la direction a décidé de créer un comité de discipline, et Robert Piché a été, à son grand malheur, le premier à y comparaître. Sur les trois instructeurs qui le composaient, il y en avait deux qui le détestaient à s'en confesser. Repentant, il est entré quelques jours plus tard dans le bureau de l'instructeur-chef, Marcel Devost, qui lui a remis une lettre de deux pages et lui a lancé, sèchement :

— La première page, c'est le rappel de ton erreur. La seconde, c'est ta sanction.

Piché avait bel et bien anticipé ce scénario : le pire ! Il n'avait pas respecté le plan de vol et, par conséquent, était « exclu de l'option pilotage 1972 du cégep de Chicoutimi ». C'était comme s'il avait reçu un coup de massue en plein front, le premier de sa vie, mais, allait-il le constater au fil des années à venir, pas le dernier. Il était abattu, des idées noires l'envahissaient : peut-être ne pourrait-il jamais devenir pilote d'avion. Il se voyait condamné à retourner chez ses parents et à leur avouer, humilié, qu'il s'était fait expulser à cause d'une connerie. Il imaginait la peine de sa mère qui l'avait toujours tant aimé et appuyé dans ses projets. Il imaginait le mal fait à son père qui avait fini, après beaucoup de réticence, par approuver le choix de carrière de son fils. Il devinait la réaction de ses frères aînés lorsqu'ils apprendraient la nouvelle, avec l'air de dire : « On le savait que tu ne serais pas capable de réussir. » Ils avaient fait leur cours classique et menaient à cette époque des études universitaires. Ils connaîtraient par la suite de brillantes carrières dans les affaires. Plus tard, à Mont-Joli

*Noël 1956. À l'âge de 4 ans, Robert reçoit
un cadeau prémonitoire : le premier
avion qu'il pilotera.*

*1957. Très impressionné par l'avion, le petit Robert
s'est détourné du photographe. C'est le premier appareil dans
lequel il s'envolera avec son père Paul et son frère Pierre.*

Les communiants sur le parvis de l'église Saint-Albert-le-Grand à Québec. Robert, 6 ans, est le premier à gauche au premier rang.

Février 1958. À l'instar de beaucoup de petits Québécois de l'époque, les frères Piché jouaient souvent au hockey. Robert fait ici la mise au jeu avec Pierre à sa gauche, et Alain à sa droite.

Les parents Piché et leurs quatre enfants réunis à l'occasion du jour de l'An avec les grands-parents paternels Lucie et Ludger. À l'extrême gauche, Robert, 12 ans, ses frères Alain et Pierre et, à droite, leur jeune sœur Lucie.

Début 1985. Robert (à gauche) reçoit la visite de son frère Alain avec son épouse Denise à la Coastal State Prison, Géorgie. C'est Alain qui avait pu lui refiler en douce l'encre interdite en prison, pour le tatouage dont Sam, son compagnon de cellule, avait besoin.

En visite au Jardin botanique de Montréal en 1969 alors que Robert participait à un camp de Senior Leadership avec les Cadets de l'air. À sa mère, il avait envoyé cette photo avec un mot blagueur : « Me voici enfin en escale dans un pays exotique. »

Robert en compagnie du couple de pasteurs.
La femme lui avait offert le rôle de Sherlock
Holmes dans la pièce de théâtre qu'elle avait
entrepris de monter à l'intérieur des murs.

24 avril 1984. La fille
de Robert Piché,
Geneviève, a reçu
en cadeau son portrait
peint par un prisonnier
analphabète que Robert
avait aidé en lisant
et rédigeant ses lettres.

1991. Le petit Paul-André, 3 ans, le fils de Robert Piché, déjà aux commandes d'un Embraer-120 de la TAT.

1992. Geneviève, 12 ans, a rejoint son père pour les vacances d'été à Mulhouse, en France. Robert y est seul puisque Lucie a pris la décision de rester au Québec avec leur fils Paul-André.

*Robert en vacances avec
ses enfants, Geneviève,
16 ans et Paul-André,
7 ans, au chalet familial
à Sainte-Luce-sur-Mer.*

*Exposition Le Bourget en France. Robert Piché devant l'avion anti-radar
qui lui donnait des frissons. Plus jeune, n'avait-il pas déclaré
à ses parents vouloir devenir un pilote de chasse ?*

*Aéroport de Nice. Robert Piché devant l'appareil
qu'il pilotait pour la TAT : un Embraer-120.*

Robert Piché reçoit son diplôme de Senior Leadership du Collège militaire royal Saint-Jean. C'était en 1969.

et dans les environs, ils seraient connus, admirés et engagés dans leur communauté. Robert, le plus jeune des trois frères, était vu comme le rêveur, et sentait parfois que les deux aînés s'intéressaient peu à ce qu'il faisait. Un épisode de cette époque où il étudiait au cégep de Chicoutimi lui revient parfois en mémoire. « Mes deux frères étudiaient à l'Université Laval et possédaient une voiture. Ils m'avaient donné rendez-vous à Québec et, de là, je devais monter avec eux pour aller visiter mes parents à Mont-Joli. J'étais venu de Chicoutimi en auto-stop, de peine et de misère, pour les rejoindre. Tout au long du trajet, ils ont parlé ensemble, sur les banquettes avant. J'étais seul derrière et à chaque fois que je tentais de m'immiscer et de les intéresser à mes affaires, ils ne se retournaient même pas », raconte-t-il.

Il a chassé ses idées sombres et s'est ressaisi, décidant de jouer le tout pour le tout, de faire le « grand jeu » à M. Devost. Il lui a parlé pendant deux heures, lui a promis de se prendre en main, d'améliorer son dossier disciplinaire et de se consacrer pleinement à ses études. Quand il eut terminé ce plaidoyer de la dernière chance, l'instructeur-chef l'a regardé droit dans les yeux et Piché a compris dès lors qu'il avait sauvé sa peau... ou presque.

— Je te donne une chance de passer ta licence commerciale [la première licence qui permet de travailler comme pilote]. Dis-toi une chose, mon jeune. Tous les autres instructeurs, ici, aimeraient avoir mon poste. Je suis le seul à avoir confiance en toi. Je vais te donner une chance de passer ton «commercial», mais je ne veux pas que tu termines 15e sur 15. Je veux que tu réussisses bien!

L'élève a compris que, d'une certaine façon, son instructeur mettait sa situation en jeu pour lui. Il en était ému et reconnaissant.

– Ne vous en faites pas, M. Devost. Je suis votre homme.

Quelques semaines auparavant, Robert Piché avait effectué un vol Chicoutimi–Dorval avec lui et deux autres étudiants. Au retour, l'instructeur avait feint de s'endormir, tout juste après le décollage de Montréal, alors que Piché était aux commandes pour la portion Dorval–Québec de l'envolée. Le jeune pilote s'était extrêmement bien débrouillé et il pensait que M. Devost s'en souvenait et avait décelé en lui un grand potentiel.

Pour l'examen menant à l'obtention de sa licence commerciale, la direction a fait venir un inspecteur montréalais du ministère des Transports, un certain Pierre Trudel. C'était un ancien instructeur-chef du cégep de Chicoutimi, un grand ami de M. Devost.

Robert Piché n'avait pas l'intention de rater cette chance. Exprès pour l'occasion, il s'était même fait venir un bel habit de Mont-Joli. Pendant une semaine, il avait cessé de sortir et s'était plongé désespérément dans ses bouquins. «J'y ai découvert des choses que je n'avais même pas imaginées avant!» raconte-t-il en riant.

Le matin de l'examen, il s'est présenté à l'heure convenue, impeccable, en complet, cravate, les cheveux courts, frais coupés. Les copains ont sursauté, habitués à le voir la crinière au vent, en jeans et en t-shirt.

Piché savait que Pierre Trudel avait autrefois travaillé comme pilote, en Afrique, sur des DC-3. L'inspecteur ne perdit pas de temps et entra tout de suite dans le vif du sujet.

– Je suis ici pour te faire passer ton «commercial». J'ai appris que tes affaires n'allaient pas trop bien. Je vais te poser une question : Un Beech-19, ça décroche à combien de nœuds sur un virage incliné à 90 degrés?

C'était une question purement théorique et il y avait peu de chances qu'un pilote ait un jour à utiliser cette donnée. Mais Piché lui a répondu vivement, décidé à lui en mettre plein la vue : «À 112 nœuds. Regardez à la page 42 du manuel, au 2e paragraphe, à gauche : c'est écrit.»

L'inspecteur a dit : «Bon! Assez pour les questions théoriques.» Il en avait choisi une coriace en se disant que si l'élève avait la réponse, il pouvait arrêter ce volet de l'examen.

Piché et lui sont ensuite montés à bord du petit appareil. L'élève avait bien pris soin de faire le tour de l'avion avant d'y prendre place et de faire les inspections d'usage, chose qu'il ne faisait pas nécessairement en d'autres circonstances.

L'apprenti s'envole donc avec cet inspecteur dans la zone d'entraînement. Piché parle presque sans arrêt, décrivant et expliquant avec moult détails chacune de ses manœuvres, tandis que l'inspecteur ne dit mot. Pour que l'étudiant obtienne la licence commerciale tant convoitée, l'instructeur doit normalement lui faire subir deux courts tests aux instruments. Cela afin de contrôler si les notions permettant de naviguer autrement qu'à vue sont bien acquises. Le temps filait et il ne les lui proposait toujours pas. Piché était très inquiet. En général, quand l'instructeur ne demande pas toutes les manœuvres prévues, c'est que cela n'en vaut pas la peine, car l'élève est en train de rater son examen.

Pour l'amadouer, Piché l'interroge sur son expérience de pilotage en Afrique, lui avoue son attrait pour ce genre de boulot et son intérêt pour le travail à l'étranger. Il cherche en fait à jauger son humeur. «C'était rude, mais ce fut une bonne expérience», répond laconiquement l'inspecteur au sujet de son travail en Afrique.

Les deux hommes atterrissent quelques instants plus tard, devant les instructeurs qui les attendaient. À ce moment, l'inspecteur se tourne vers Piché.

– Oh! J'ai oublié de te faire subir le test aux instruments. Allons au simulateur.

Il voit le visage de l'apprenti s'assombrir.

– T'as l'air nerveux, mon jeune.

– Il faut que je vous prévienne, monsieur. L'instructeur affecté au simulateur ne m'aime pas beaucoup…

– Ne t'occupe pas de ça. C'est moi qui te fais passer le test.

Les deux hommes s'installent au simulateur de vol. L'inspecteur multiplie les consignes, puis il s'éloigne et engage la conversation avec l'instructeur.

– Ferme tout ça, on se revoit dans le bureau de M. Devost, dit-il.

Il est temps, car Piché est exténué. Une manœuvre supplémentaire, et il aurait craqué. Il vient à peine de mettre les pieds dans le bureau de M. Devost quand il entend Pierre Trudel :

– Marcel, ce gars-là ne m'a pas donné une performance du niveau d'une licence commerciale. Il m'a donné une performance qui lui vaudrait une licence d'instructeur! Je ne sais pas pourquoi tu m'as fait venir ici.

Robert Piché est sorti de là euphorique. Il avait obtenu la deuxième meilleure note de la classe, soit 88 %. En général, les instructeurs viennent féliciter les élèves qui ont réussi et la tradition veut qu'ils leur coupent la cravate avant de les emmener prendre un pot. Cette fois, personne n'est venu voir Piché. Était-ce son attitude désinvolte, son assurance de toujours pouvoir s'en sortir qui dérangeaient tant? Il est reparti seul, pas plus malheureux pour autant.

En mars 1973, pour parfaire l'entraînement aux instruments, en fin de troisième année, les élèves pilotes au cégep de Chicoutimi devaient aller à l'aéroport de L'Ancienne-Lorette, près de Québec. La direction du cégep avait conclu une entente afin de loger les étudiants dans une résidences de frères, à Cap-Rouge. C'était un endroit paisible qui, en principe, empêchait les étudiants de succomber aux tentations de la grande ville. «En principe», parce que le jeune Piché avait réussi, un soir, à faire entrer illicitement une copine dans le dortoir. Ils avaient eu une nuit d'amour torride et silencieuse, grâce à la complicité de ses compagnons.

Chez les frères, les étudiants étaient en quelque sorte «sur appel». À tour de rôle, les instructeurs contactaient les jeunes pilotes qui devaient, sur-le-champ, se rendre à l'aéroport. Ce matin-là, il pleuvait des clous et les vents étaient violents. À 10 h, l'instructeur a joint Robert Piché à la résidence des frères, pour lui signifier que c'était son tour. L'élève s'est rendu à l'aéroport mais, compte tenu de la météo défavorable, l'instructeur a jugé qu'il valait mieux attendre. «Rappelle-moi à 14 h, cet après-midi, et je te dirai si on reprend la session, si le temps est plus clément», a-t-il dit.

Piché a fait le mauvais pari que la météo ne s'améliorerait pas et a décidé de sortir avec son ami Harold. À l'aéroport, les deux larrons ont rencontré deux filles qu'ils connaissaient et les quatre jeunes sont descendus dans le Vieux-Québec. Dans un café bondé de cégépiens comme eux, ils ont mangé et bu quelques bières. Vers 14 h 30, Robert s'est souvenu qu'il devait appeler son instructeur. Son ami Vaillancourt n'était pas d'accord, voyant bien qu'il s'en allait à l'abattoir.

– Dis-lui que tu es malade. Tu peux pas aller à ta session d'entraînement dans ces conditions!

– J'y vais, tant pis, il m'attend. Je saurai bien me débrouiller.

Piché s'est précipité à l'aéroport de L'Ancienne-Lorette. Il a rejoint l'instructeur, pris place dans l'avion et décollé. Après moins de 30 minutes, l'instructeur en avait assez vu.

– Ramène cet avion au sol. Tu n'es pas apte à piloter aujourd'hui.

L'instructeur a téléphoné à M. Devost à Chicoutimi pour lui raconter cette mésaventure qui survenait à un mois de la fin de cet apprentissage de trois ans. Le professeur a gardé silence au bout du fil. Plus tard, des collègues de M. Devost ont profité de cette situation pour enfoncer le clou : « Tu vois, on t'avait dit de foutre ce gars-là à la porte ; il n'est pas fiable. »

Le lendemain, il a joint Piché au téléphone.

– Sois à L'Ancienne-Lorette demain matin. Je te ferai moi-même passer la séance d'une heure et demie aux instruments. Il vaut mieux pour toi que tu fasses une bonne performance.

– Je ne vous ai pas déçu la première fois. Donnez-moi une dernière chance, faites-moi confiance, lui a répondu l'étudiant.

Au terme de cet exercice pratique, M. Devost a souri.

– Tu viens de me donner la meilleure heure et demie que je n'aie jamais eue de la part d'un élève en 20 ans. T'es plein d'aptitudes mais t'es toujours « sur la go » ! Pourquoi brûles-tu un si beau talent ?

Un mois plus tard, le jeune homme de Mont-Joli obtenait enfin son Diplôme d'études collégiales (DEC) tant convoité.

Quelques semaines plus tard, arrivait enfin le jour de la remise du diplôme. Pour l'occasion, sa mère, son père, sa sœur Lucie et son copain Simon avaient fait le voyage jusqu'à Chicoutimi. Ils étaient extrêmement fiers de lui. Dans la journée, les diplômés pouvaient faire avec leurs proches des excursions en avion, et Robert ne s'en est pas privé. Il avait un sentiment d'accomplissement, se disait intérieurement que le «p'tit gars de Mont-Joli» venait de franchir une étape importante dans sa vie et que tout lui était désormais possible. Il se revoyait, quelques années plus tôt, assis au volant aux côtés de son père, sur les routes de Gaspésie. Cette fois, Paul était son passager et il lui faisait survoler Chicoutimi, aux commandes d'un avion. Il régnait une atmosphère de fête à l'aéroport de Saint-Honoré. Des diplômés se faisaient photographier avec leurs familles. Tous ces sacrifices, toutes ces heures d'étude en valaient la peine.

De retour à l'Auberge des gouverneurs de Chicoutimi, vers 16 h 30, le jeune Piché a proposé à ses parents de se reposer un peu avant la cérémonie. «Je vais aller voir mes copains en ville. Ça fait deux mois que je ne les ai pas vus», avait-il ajouté.

Il savait où ils étaient, ses *chums*, en ce samedi après-midi : à la brasserie. Les copains, qui n'étaient pas dans le monde de l'aviation, l'attendaient. Il a commencé à trinquer, à rire et à bavarder avec eux. Tout d'un coup, il a sursauté en voyant l'heure. Ciel! Il était 20 h et la cérémonie de remise des diplômes débutait à 19 h.

Il a sauté dans la voiture familiale pour rentrer précipitamment à l'hôtel. «Qu'est-ce que tu faisais? D'où sors-tu?» a demandé son père qui l'attendait à la réception. Le fils se sentait mal à l'aise et savait, en croisant son regard, que son père avait deviné : il était allé boire un verre avec ses amis.

Le jeune diplômé a sauté sous la douche, s'est habillé en vitesse et s'est précipité dans la salle où avait lieu la remise des prix. Quand ils l'ont appelé pour monter sur scène chercher ses «ailes», il s'est avancé en titubant et a traversé la piste de danse. «Comme d'habitude, Robert Piché est parfaitement à jeun», a blagué au micro le président de la classe. Tout le monde a ri ou souri. Dans les deux cas, c'était affectueux.

Plus tard dans la soirée, il s'est dirigé vers M. Devost. Il voulait en avoir le cœur net.

– Pourquoi avez-vous décidé de me garder alors que vous avez expulsé une vingtaine d'étudiants?

– Un jour, tu vas le savoir…

3

Le grand voyage initiatique

Robert Piché est revenu à Mont-Joli au printemps de 1973, avec son diplôme de pilote en
poche. Il lui restait alors une seule faille, un seul
obstacle qui pourrait lui barrer la route et l'empêcher d'avancer dans le monde de l'aviation :
sa connaissance plutôt limitée de la langue an-
glaise. À cette époque, les batailles épiques pour
l'utilisation du français dans l'air n'en étaient
qu'à leurs débuts. Être un Québécois francophone était presque un handicap pour un pilote
qui avait l'ambition de devenir commandant
dans une grosse compagnie aérienne.

Il avait décidé, quelques mois auparavant, de
s'inscrire à un cours intensif de deux mois à
l'Université Queen's, à Kingston, en Ontario.
Mais il avait égaré les formulaires nécessaires
lors de son déménagement de Chicoutimi à
Québec, en fin de troisième année d'études. Son

père avait eu la bonne idée d'appeler une tante qui travaillait au ministère du Travail, à Québec. Ladite tante a mis ses contacts en branle et le fils de Paul a été admis à l'université, malgré son retard dans l'envoi des documents nécessaires.

Il s'est donc rendu à Kingston. Les cours d'anglais? Certes, mais il était avant tout intéressé par la fête et les filles. Les allers et venues entre les résidences des garçons et celles des filles se multipliaient à un rythme effréné. Les cours d'anglais étaient le dernier de ses soucis. Robert Piché et ses amis apprenaient par « immersion », mais pas celle que leurs parents imaginaient!

Un de ses copains s'est d'ailleurs fait indiquer la porte de sortie assez rapidement. On se montrait plus clément envers lui, probablement, se disait-il, parce qu'il avait été recommandé par une personne haut placée. Il n'était peut-être pas un étudiant modèle, mais son anglais s'améliorait néanmoins, au fil des conversations.

De retour à Mont-Joli après ces deux mois, il a fait quelques demandes d'emploi avant de reconnaître qu'il n'y avait pas beaucoup de boulot dans l'aviation. Piché a alors décidé de faire ce grand voyage en auto-stop dont il rêvait depuis quelque temps. L'un des rares jeunes de Mont-Joli à entreprendre un tel *trip*, il participait, instinctivement, à un grand mouvement collectif. À cette époque, ils étaient des milliers de jeunes, partout dans le monde, à prendre ainsi la route. Le pèlerinage «sur le pouce» vers l'Ouest américain ou vers l'Europe devenait presque obligatoire. Tous ceux qui sont nés au début des années 50, se reconnaîtront. C'était l'époque du *Flower Power*, du *Peace and Love* et de la libération sexuelle. Piché désirait découvrir les États-Unis, humer de près ce vent de changement qui venait de la Californie en particulier. Il voulait s'«initier», aller là où ça se passait, vivre *On the Road*, sur les traces de Jack Kérouac.

Il est parti à l'aventure, seul, un matin de septembre, avec pour bagage un sac à dos trop lourd et les 40 $ que son père lui avait donnés. À son retour, en novembre, il avait parcouru 16 000 kilomètres.

Il s'est d'abord arrêté à Toronto, où il s'est trouvé rapidement un job de déménageur. Il touchait 500 $ par semaine, c'était beaucoup, du moins assez pour lui assurer une certaine sécurité matérielle le reste du périple. Il s'est lié d'amitié avec Noël B., un camionneur acadien qui parlait toujours en anglais, même s'il était francophone. L'homme conduisait avec une bière entre les deux jambes et traînait Piché avec lui, le soir, dans les tavernes. Il appelait son jeune copilote le *French Frog*. Un jour, il a invité Piché à l'accompagner jusqu'à Vancouver. Sur l'auto-route, il lui laissait le volant de son gros camion et en profitait pour dormir et cuver sa bière. Le jeune diplômé du cégep de Chicoutimi n'avait pas les permis requis pour conduire ce genre de mastodonte, mais il s'amusait comme un fou, à la fois inconscient et insouciant. Il s'arrêtait parfois pour prendre quelques photos des Rocheuses ou d'autres paysages. Il sentait déjà un parfum de liberté. Il aimait partir ainsi à la dérive, rencontrer des étrangers, faire un bout de route avec eux.

Cet ami de circonstance avait toutefois de curieuses habitudes de vie. Un soir, à Vancouver, il était allé passer la soirée avec une prostituée et avait profité du fait qu'elle s'était endormie pour se sauver sans lui verser sa rétribution. À 3 h du matin, un *pimp* avait frappé à la porte de la chambre que Piché partageait avec lui et l'avait menacé de mort s'il ne payait pas. C'était trop pour le jeune homme de Mont-Joli. Il avait beau vouloir s'initier à la vie des «anges vaga-bonds», il sentait néanmoins qu'il lui fallait reprendre la route seul.

Il a quitté le camionneur puis est reparti en auto-stop avec un seul objectif en tête : voir le célèbre écriteau «*Welcome to California*». Le premier jour, il a littéralement séché le long de la route sans que personne ne le fasse monter.

Le lendemain, un copain d'infortune lui a suggéré de prendre le bus jusqu'à Portland, en Oregon. Piché a suivi son conseil et s'est embarqué, avec son sac à dos d'au moins 40 kilos et environ 2 000 $ dans les poches, fruits de son labeur à Toronto.

Arrivé à Portland tard dans la nuit, il a demandé au balayeur du terminus d'autobus s'il ne connaissait pas un endroit où il pourrait coucher. L'homme lui a tendu un papier avec une adresse.

– Dis-leur que tu viens de ma part. Ils vont bien t'accueillir, c'est certain.

Il a pris l'autobus et s'est rendu à l'adresse indiquée. Un homme lui a ouvert la porte de cette immense maison située un peu en retrait de la ville et l'a reçu un peu trop gentiment. Il l'a dirigé vers le sous-sol où il y avait une série de lits superposés. Le voyageur s'est endormi, fourbu de fatigue, parmi une dizaine d'autres pensionnaires. Il s'efforçait tout de même de garder un œil ouvert.

À 5 h du matin, l'homme qui lui avait si généreusement offert le gîte est venu les réveiller, lui et ses voisins de dortoir. Tout le monde s'est levé et s'est mis à prier. Les pensionnaires sont ensuite passés à table pour un petit déjeuner plutôt ascétique : un bol de gruau et une pomme chauffée. En parlant avec un de ses voisins, il a constaté qu'il venait de débarquer dans une commune de *Jesus Freaks*. Ces

63

jeunes aux cheveux longs, vêtus comme des apôtres, disaient avoir reçu l'«appel de Dieu». Certains travaillaient, d'autres étaient plutôt contemplatifs : c'est Jésus qui l'a voulu ainsi! Ils partageaient tout, priaient et... fumaient du *pot*. Piché a surtout réalisé qu'il venait de très loin et qu'il n'avait encore rien vu! Il faut dire qu'à Mont-Joli, ce sont des choses dont on entendait encore peu parler à l'époque. Il a compris que cet univers n'était vraiment pas fait pour lui et a filé en douce aussitôt cet étrange petit déjeuner terminé.

Il s'est remis à l'auto-stop. *On the road again.* Jour de chance! Un automobiliste l'a mené directement en Californie et l'a déposé à San Francisco, à 22 h. Il marchait seul dans la ville, un peu perdu, mais tout de même heureux d'être enfin arrivé dans ce lieu mythique, là où ça se passe. Voyant bien qu'il n'avait aucun endroit où aller, un passant l'a interpellé et invité à dormir chez lui. Au petit matin, son hôte l'a conduit au centre-ville. Il a frappé à la porte du YMCA, où l'on héberge les touristes pour 5 $ la nuit. Il se sentait regardé de la tête aux pieds par une quinzaine de pensionnaires qui flânaient autour de la porte d'entrée. Piché ne savait pas, à l'époque, que San Francisco était alors le paradis de la communauté homosexuelle américaine. En se rendant à sa chambre, il voyait des hommes nus, étendus sur leurs lits, toutes portes ouvertes, en train de lire leur journal. Se demandant dans quelle sorte d'endroit il venait d'aboutir, il a tout de même déposé son sac à dos, verrouillé la porte de sa chambre et s'est empressé d'aller se doucher dans la salle commune en se promettant une bonne nuit de sommeil, car il n'avait pas bien dormi depuis trois jours.

Sous la douche, Piché remarqua qu'un homme le fixait. C'était un géant, qui devait mesurer une tête de plus que Piché. Il lui souriait et lui décochait quelques clins d'œil invitants, convaincu que le jeune homme devant lui savait très bien qu'il se trouvait dans un établissement gay. Puis il lui mit la main sur le dos :

– *Do you want me to wash your back?*

«Je me suis retourné et, sans réfléchir, je lui ai asséné un retentissant coup de poing au visage», raconte Piché. Sa riposte aurait pu lui être fatale, compte tenu de son moindre gabarit. Heureusement, l'homme n'a pas répliqué et a battu en retraite. Piché craignait qu'il revienne avec des comparses pour lui régler son compte. Encore aujourd'hui, quand il se remémore cet épisode de sa vie, il sent cette grosse main dans son dos.

Il a quitté le YMCA le lendemain matin. Il a croisé sa «victime» dans l'ascenseur. L'homme n'a eu aucune réaction particulière.

Cap sur Los Angeles. À 14 h, Piché s'est retrouvé sur la plage de Malibu, sous un soleil de plomb, devant l'écume bouillonnante du Pacifique, entouré de filles aux poitrines pigeonnantes et à demi dévêtues. Toutes ses images d'Épinal étaient réunies. C'était la Californie qu'il imaginait dans ses rêves éveillés d'adolescent de 20 ans. Une plage sans fin, des surfeurs, des joggers, des femmes pulpeuses en bikini, des fils à papa garant nonchalamment leur Porsche décapotable.

Il s'est assis, appuyé sur son sac à dos, et s'est efforcé de savourer le moment. Il était euphorique, voyait cet instant comme une récompense de toutes ces heures passées sur les routes à montrer le pouce à des automobilistes indifférents qui le laissaient brûler au soleil. Un mot lui montait à la tête : liberté. Il regardait autour de lui et constatait qu'il appartenait à une grande famille, à une nouvelle génération. Au milieu des effluves de patchouli et d'herbes bizarres, des jeunes aux cheveux longs, comme lui, le saluaient de la main et se regroupaient autour d'une guitare ou d'un phono qui crachait des airs de Janis Joplin, de Bob Dylan et de Jimi Hendrix.

Le lendemain, le jeune voyageur a joué les touristes plus orthodoxes et s'est offert un détour aux Universal Studios. Au moment de sa visite, on y tournait un épisode d'*Adam-12*, une série policière connue au Québec sous le titre d'*Auto-patrouille*. Un animateur de foule recherchait un volontaire pour interpréter brièvement un bandit dans l'épisode en cours d'enregistrement. Piché s'y est précipité. Il a tourné quelques scènes, jouant le rôle d'un gangster écroué et, surtout, découvrant avec plaisir les coulisses de la télévision. Depuis ce jour, il s'amuse à dire à ses amis qu'il a déjà tenu un petit rôle à Hollywood!

Il lui fallait aussi voir Las Vegas, autre ville mythique. Il s'y est rendu sans trop de mal, en auto-stop, et a planté sa tente dans un camping en retrait. L'endroit était réservé aux roulottes et aux caravanes et il a dû user de tous les arguments imaginables pour convaincre la propriétaire de le laisser y installer sa tente. Elle avait accepté, parce qu'elle avait un fils, lui-même auto-stoppeur. Elle souhaitait qu'il reçoive le même accueil dans une situation semblable. Il a visité quelques hôtels-casinos géants et admiré les néons clinquants du Strip Boulevard avant de repartir au bout de deux jours. Objectif : El Paso, à l'ouest du Texas, sur le Rio Grande, puis Miami.

À la sortie de Las Vegas où il s'était installé pour faire de l'auto-stop, il a fait la rencontre d'un drôle de type ayant pour tout bagage deux sacs d'épicerie. Il allait lui aussi à Miami et lui proposait de faire du stop à deux, ce qui, à ses yeux, serait beaucoup plus sécuritaire. Ce nouveau compagnon était parti de Boston en Volkswagen quelques semaines plus tôt pour visiter la Californie. Il avait tout perdu à Las Vegas, comme quoi le jeu compulsif n'est pas une invention récente...

Après avoir passé deux jours, sous un soleil impitoyable, sans que le moindre automobiliste ne les fasse monter, ils ont finalement vu un véhicule s'arrêter. C'était un camion, avec à son bord trois Amérindiens qui leur proposaient de grimper dans la cabine ouverte, derrière. Il faisait une chaleur insupportable, plus de 38 °C. Piché s'est tout de même assoupi. Quand il a ouvert les yeux, il a constaté qu'ils étaient dans le désert. En regardant sur sa carte, il a bien vu qu'ils s'étaient éloignés du chemin menant à El Paso. Piché a toujours eu un excellent sens de l'orientation, sur terre ou dans les airs. Il a regardé son copain qui avait l'œil rageur :

— Il me semble qu'on ne s'en va pas dans la bonne direction.

— Je t'avais dit de ne pas tomber endormi. Dans le Sud, c'est dangereux. As-tu un *gun*? un couteau? Prépare-toi. Il va peut-être falloir se battre.

Piché était surpris par la tournure des événements. Il avait beau aimer l'aventure, il craignait

68

maintenant pour sa peau. Lui et son compagnon ont frappé dans la fenêtre jusqu'à ce que le conducteur s'arrête, au beau milieu du désert de l'Arizona.

– On s'en va vers un petit village minier, pas trop loin d'ici. De là, vous pourrez prendre la route pour El Paso, expliqua l'un des trois Amérindiens.

Flairant le piège, son compagnon a refusé cette proposition et demandé au conducteur de les débarquer là, parce qu'ils préféraient retourner dans le village qu'ils venaient de traverser. Les hommes les ont déposés et sont repartis, se disant probablement que personne ne ferait monter les deux touristes et qu'ils auraient beau de revenir à la tombée de la nuit pour les reprendre.

Quelques heures plus tard, une Volkswagen Beetle avec deux jeunes hommes à son bord s'arrêta. Quand ils baissèrent la fenêtre de leur voiture, la fumée sortit de tous côtés, les effluves de *pot* se répandant partout aux alentours. C'était Cheech et Chong avant l'heure.

– Où allez-vous comme ça?

– On a refusé d'aller au petit village minier avec ceux qui nous avaient fait monter. On a plutôt l'intention de se rendre à El Paso.

– Vous avez bien fait. Nous, on est les fournisseurs de marijuana dans ce village-là. C'est très violent. Ils vous auraient emmenés au village et, la nuit tombée, vous auraient probablement volés ou tués. Ça se produit souvent.

Sur ces paroles pas très rassurantes, ces joyeux samaritains ont accepté de conduire Piché et son acolyte au prochain village. Parvenus à destination, ils ont quitté les deux joyeux lurons et ont pris le bus pour El Paso. Là-bas, tous deux ont mangé les premiers tacos de leur vie. Robert Piché n'en a jamais trouvé de meilleurs.

Puis ils ont gagné Miami. Le 5 novembre, jour de son 21e anniversaire, Robert Piché a téléphoné à ses parents, à Mont-Joli, pour avoir de leurs nouvelles et donner des siennes. Quand il a demandé à sa mère de lui «passer» son père, elle a répondu qu'il était couché. Inquiet, Robert n'a toutefois pas insisté. Mais en raccrochant, il s'est mis à imaginer les pires scénarios avec son copain. Paul Piché s'était enrôlé très jeune dans l'armée. Il avait eu un accident, à Halifax, lui laissant une paralysie partielle au cou et de grandes douleurs au dos. Il avait subi des traitements au cobalt, parmi les premiers, à l'époque où la technique n'était pas tout à fait au point. Les médecins avaient causé involontairement des dommages à son pancréas. C'est pour cette raison qu'il n'avait pu aller au front. Il était devenu diabétique. Dès l'âge de 42 ans, il avait subi une première attaque cardiaque. Comme le faisaient souvent les grands croyants, sa femme avait fait la promesse de ne plus jamais manger de chocolat et de ne plus jamais fumer si le Très-Haut soulageait son mari de ses grandes douleurs au dos. Ses prières ont été exaucées, et son mari a pu mener une vie normale. Sa mère a tenu sa fameuse promesse. Son mari est mort en 1979 et, depuis, Estelle, malgré ses 85 ans, s'interdit toujours de manger du chocolat. «J'aurais l'impression de trahir mon bien-aimé», dit-elle en souriant.

En Floride, Robert était inquiet. Il en était venu à se dire que son père était peut-être mort et que sa mère, sans moyen de le contacter, avait voulu le lui cacher. Du coup, il a décidé de mettre un terme à son périple aux États-Unis, estimant que, de toute façon, il avait vu ce qu'il voulait voir. Il s'est acheté un billet d'avion pour revenir à Montréal à bord d'un Lockheed-1011 d'Eastern Airline, un appareil impressionnant pour un jeune pilote. Il était loin de se douter que, 25 ans plus tard, il se retrouverait commandant de bord sur ce même type d'avion. Sitôt arrivé, il s'est engouffré dans un bus vers Mont-Joli. Rendu à destination, il s'est empressé d'aller à la rencontre de son père. Ce dernier était, compte tenu de sa situation, en très bonne santé. À vrai dire, il était presque en meilleur état que son fils qui venait de passer deux mois sur la route. Son père était le même homme, la moustache en moins. Ce détail n'a pas échappé à son fils, à l'étonnement du père.

4

Les *bums* de l'aviation

Michel Pouliot a été un des pionniers de l'aviation au Québec. Aujourd'hui retraité à Gaspé, il tire une grande fierté à rappeler que près d'une centaine de pilotes de gros porteurs au service d'Air Canada, d'Air Transat et d'autres compagnies aériennes réputées – «des gars qui gagnent jusqu'à 200 000 $ et plus par année», précise-t-il – ont fait leurs débuts à Air Gaspé, la compagnie qu'il a fondée.

Une quinzaine de jours après l'atterrissage d'urgence aux Açores, il a téléphoné à Robert Piché pour le féliciter. «J'ai attendu que la poussière retombe un peu et je ne voulais pas te déranger», a-t-il dit à son ancienne recrue pour justifier son appel un peu tardif. Son message, parmi les centaines que le commandant Piché a reçus du monde entier, fut l'un de ceux qui l'ont le plus touché.

De retour de son périple en auto-stop, à l'automne 1973, Robert cherchait à se dénicher un premier emploi dans l'aviation. Il connaissait l'agent d'Air Gaspé au comptoir de l'aéroport de Mont-Joli, Serge Fortin. C'était un ami de son frère aîné, Pierre. Timide et maladroit, le jeune pilote est allé à sa rencontre.

– Est-ce que le président de la compagnie vient parfois à Mont-Joli?

– Il vient souvent. M. Pouliot sera justement ici demain.

Le lendemain matin, le jeune homme a pris son courage à deux mains et s'est dirigé vers le restaurant où le patron d'Air Gaspé était attablé avec son chef pilote. M. Pouliot était un homme imposant et avait la réputation d'être un peu rustre. À cette époque, il était au sommet de sa carrière. Avant-gardiste, il venait d'acheter un HS-748 neuf et il était le premier Canadien à se procurer cet appareil anglais, l'avion de l'heure. Chez Air Gaspé, les salaires n'étaient pas faramineux et les conditions de travail étaient difficiles. Mais plusieurs jeunes pilotes souhaitaient néanmoins y travailler. C'était souvent le tremplin à de belles carrières.

Robert Piché se sentait tout petit quand il l'a interrompu.

– Monsieur Pouliot?

– C'est bien moi. Qu'est-ce que je peux faire pour toi, mon jeune? demanda-t-il, agacé.

74

– Je vais vous dire ça très vite. Mon nom est Robert Piché. Je suis pilote et je me cherche une job.

– Combien d'heures de vol as-tu?

– J'ai mon 250 heures du cégep, mon «endossement» deux moteurs et ma licence aux instruments.

– Nous autres, on n'engage pas à moins de 10 000 heures de vol, trancha-t-il avec un ton ne supportant pas la contestation.

– J'ai peut-être pas 10 000 heures de vol, mais je suis un bon travaillant.

Rien à faire. Pouliot semblait tenir mordicus à ses 10 000 heures de vol.

– Très bien, merci. Je reviendrai vous voir quand j'aurai plus d'expérience.

Le postulant repartait bredouille et résigné, lorsque le patron s'est ravisé et l'a rappelé.

– Si t'es prêt à travailler, viens ici demain matin. Je repasserai avec le 748. On monte à Rimouski chercher de la marchandise. Je t'essaie pour quelques semaines. Après, on verra ce qu'on peut faire pour toi.

Piché est ressorti un peu décontenancé en se répétant sans trop y croire: «J'ai une job!» C'était trop beau pour être vrai.

M. Pouliot connaissait très bien son père, pour qui il avait respect et admiration. La première chose qu'il cherchait, chez un jeune, c'était ce qu'il appelait sa «formation familiale». Et, de toute évidence, Robert avait ce qu'il fallait de ce côté. Il préférait les garçons de bonne famille aux surdoués. «J'aimais sa détermination et son jugement sûr», se souvient aujourd'hui Michel Pouliot.

Le lendemain matin, le nouveau pilote d'Air Gaspé s'est présenté à l'aéroport de Mont-Joli comme convenu, sa valise sous le bras, sans savoir ce qui l'attendait. M. Pouliot l'a fait monter dans son avion et ils sont allés récupérer le fret à Rimouski. Piché a chargé lui-même les boîtes dans l'appareil : il faut bien commencer quelque part!

Son nouvel employeur en a profité pour lui donner les notions importantes en matière de répartition du poids dans un avion. Ils ont décollé vers Gaspé, Piché assis sur le *jump seat* (le siège derrière ceux du pilote et de son copilote). «J'ai observé la procédure pour démarrer le moteur en me disant : mon Dieu que ça semble difficile de piloter cet appareil», raconte Piché. À Gaspé, M. Pouliot lui a donné l'adresse d'une pension et l'a prié de s'y louer une chambre. Dès le lendemain, un pilote, un ex-confrère de classe, a été libéré pour apprendre à la recrue le maniement de l'Aztec, un avion à six passagers.

Robert Piché est entré en fonction le 14 décembre 1973. Dans les jours qui suivirent, son patron l'appela, car il avait besoin de lui pour faire un vol Gaspé–Port-Menier, sur l'île d'Anticosti. Une tempête de neige, une des premières de la saison, s'abattait ce jour-là sur la Gaspésie. Piché ne savait absolument pas où se trouvait Port-Menier. Un avion l'attendait à l'aéroport de Gaspé et cinq passagers étaient déjà à bord. Il devait les mener à l'île d'Anticosti, beau temps, mauvais temps. Trop tard pour reculer. Comme baptême du feu, il ne pouvait demander mieux ou pire, c'est selon. Il se sentait tout petit dans ses souliers.

Les journaux, au lendemain de l'atterrissage aux Açores, ont écrit que Piché avait été «pilote de brousse». C'est faux. En revanche, il a travaillé à Air Gaspé, ce qui s'y apparentait drôlement… «Nous étions les *bums* de l'aviation. Nous allions partout, avec de la marchandise ou des passagers, sans se soucier outre mesure des conditions météorologiques», rappelle-t-il. C'est peut-être la raison pour laquelle Piché s'y plaisait tant.

Les passagers n'étaient pas rassurés quand ils ont vu le jeunot qu'il était prendre place à l'avant. Ils ignoraient qu'il était, à vrai dire, aussi nerveux qu'eux. Il s'était laissé pousser une moustache dans les jours qui avaient suivi, question de se vieillir un peu. Il avait cru percevoir que ses allures juvéniles n'inspiraient pas confiance aux passagers.

Ce jour-là, il est allé à Port-Menier, y a atterri et en est revenu, malgré les vents violents et les chutes de neige. Il se disait, au retour : « Si c'est ça l'aviation, si c'est de même que ça fonctionne, j'ai pas de problème avec ça! Je sens que je vais y être très heureux. » Il avait choisi la bonne carrière. Il s'était senti bien durant les envolées et avait éprouvé une grande satisfaction en voyant ses passagers descendre de l'avion, ravis.

Son statut demeurait toutefois précaire. Il avait en main une lettre de M. Pouliot dans laquelle ce dernier s'engageait à lui fournir du travail jusqu'au 24 décembre 1973.

Trois jours plus tard, un collègue pilote d'Air Gaspé a été grièvement blessé dans un écrasement. La pluie verglaçante avait givré ses ailes et il n'avait pu éviter l'accident. C'est à ce moment que Piché a réalisé qu'on pouvait se « casser la gueule » en avion. Avant que cela ne touche quelqu'un que l'on connaît, le danger demeure abstrait, irréel, même pour un pilote, même quand on passe sa vie dans les avions et les aéroports, même quand on a ses galons. Cet événement l'a incité à se donner une discipline de vol encore plus grande.

La veille de Noël, M. Pouliot, avec sa délicatesse proverbiale, lui a rappelé que son contrat était échu :

– Va-t'en chez toi pour les fêtes. Je te rappellerai si j'ai du travail pour toi.

Le jeune pilote avait amassé environ 300 $ jusqu'à ce jour et il en était très fier. Il gagnait enfin sa vie comme pilote d'avion. Le 26 décembre, Pouliot le joint par téléphone chez ses parents, à Mont-Joli : «On a besoin de toi. On a beaucoup de réservations.» Il part en catastrophe pour Gaspé, avec une camionnette que l'un de ses frères lui avait vendue. En arrivant près de Sainte-Anne-des-Monts, elle rend l'âme. Il donne un coup de fil désespéré à son père qui trouve tout de suite la solution : «Appelle Untel, le garagiste, dis-lui que tu es le fils de Paul Piché et demande-lui son aide.» Il a suivi son conseil et le garagiste en question s'est empressé de remorquer son véhicule. Robert Piché est reparti vers Gaspé, impressionné de voir l'extraordinaire réseau de contacts et d'amis tissé par son père à travers la péninsule gaspésienne et l'estime que les gens avaient pour lui.

Le jeune pilote de Mont-Joli a vécu par la suite deux belles années à Air Gaspé où il a été commandant du Beech-99 et copilote sur le HS-748. Il y a pris beaucoup d'expérience et s'il a été capable d'accomplir son exploit, le 24 août 2001, c'est un peu à cause des vols difficiles qu'il a dû y faire.

C'est à cette époque qu'il fait la connaissance de Monique, la première femme avec qui il partagera sa vie, une employée de la compagnie. Elle le suivra à Sept-Îles et à Montréal.

Il y a aussi fait une autre rencontre marquante, une rencontre qui a changé à jamais le cours de sa vie. Il y avait chez Air Gaspé un pilote du nom d'Ivan de Bagheera. De quatre ans l'aîné de Piché, c'était un aviateur exceptionnel. Une force de la nature, aussi. Trapu, costaud comme un ours – c'est d'ailleurs le surnom que lui donne Piché –, il n'y avait rien à son épreuve. Bougon, ronchon, anarchiste dans l'âme, il méprisait toutes les formes d'autorité et ne vivait que pour sa passion : le pilotage. Il parlait peu, tolérait mal les peureux et les incompétents; il les terrifiait. Rares étaient les copilotes qui souhaitaient se retrouver à ses côtés. Piché, lui, a craqué pour le personnage, à tel point que « l'ours » est rapidement devenu non seulement son meilleur ami, mais surtout son mentor. Ses plus beaux vols, les plus mémorables, il les a faits aux côtés de cet inimitable de Bagheera.

Comme ce jour où Alexander Jones, le représentant d'Air Gaspé à Blanc-Sablon, était coincé, entre la vie et la mort, à Saint-Anthony (Terre-Neuve). Victime d'une rupture d'anévrisme à l'aorte, Jones devait de toute urgence être transporté dans un grand centre hospitalier de Québec. Par cinq fois, un appareil de Newfoundland Air Service avait tenté, sans succès, d'atterrir à Saint-Anthony. Une tempête de neige s'abattait sur la région et les préposés au déblaiement de la piste n'en venaient pas à bout.

La direction d'Air Gaspé a joint de Bagheera pour le mettre au courant de la situation. L'aventurier s'est tout de suite porté volontaire pour faire cap sur Saint-Anthony à bord d'un HS-748. Piché, qui ne demandait pas mieux, l'accompagnait à titre de copilote.

Partis de Gaspé, les deux hommes ont d'abord fait escale à Blanc-Sablon, où ils ont fait monter l'épouse du malade, un médecin et une infirmière. L'appareil a redécollé et à mesure qu'ils approchaient du petit village situé dans le détroit de Belle-Isle, ils constataient l'ampleur de la tempête. Ils naviguaient dans un mur blanc, fouettés par des vents violents. La piste d'atterrissage du minuscule village de Saint-Anthony n'apparaissait pas sur les cartes dont disposaient le pilote et son copilote. Les deux hommes sont descendus au radar le plus bas possible dans la baie, non loin du cap Bauld, et Piché a fini par entrevoir un bout d'asphalte et la moitié d'un chiffre : ils ont compris que c'était la piste. Avec une grande dextérité, Ivan de Bagheera a fait son approche et s'est posé sur la piste. Il est parvenu à redécoller quelques heures plus tard en direction de Québec, avec le collègue malade à son bord. Piché se demande encore comment il a pu faire, tellement la visibilité était réduite et les vents violents. Plusieurs années plus tard, quand Alexander Jones l'a croisé dans un aéroport, ému, il a remercié une fois de plus Piché d'avoir contribué à lui sauver la vie.

Au cours de l'année 1975, les affaires ont commencé à tourner moins rondement pour M. Pouliot et Air Gaspé. Après deux accidents majeurs en moins d'un an, dont un mortel, les inspecteurs du ministère des Transports ont fait pression sur la compagnie pour qu'elle resserre ses mesures de sécurité et modifie ses pratiques.

Peu de temps après, Air Gaspé a été vendu à Québécair. Tous les employés ont été intégrés aux Ailes du Nord, une filiale de Québécair basée à Sept-Îles.

Les Ailes du Nord étaient une entreprise plus conventionnelle, mieux structurée. Les employés profitaient d'un syndicat et bénéficiaient de régimes de retraite. Ce qui, aux yeux des autres, apparaissait comme des avantages attirants laissait Robert Piché indifférent. Ni lui ni sa conjointe Monique ne s'opposaient à l'idée de déménager de Gaspé à Sept-Îles. Mais les rescapés d'Air Gaspé figuraient, comme il se devait, tout au bas de la liste d'ancienneté, et cette situation ne lui plaisait guère. On lui offrait un poste de copilote sur un DC-3, ce qui était à ses yeux une nette rétrogradation, alors qu'il était commandant sur la plupart des appareils d'Air Gaspé. La sécurité d'emploi? Il n'en avait que faire. À ce moment-là, encore plus qu'aujourd'hui, le confort et la sécurité n'étaient pas sources de motivation. Il s'était fait à cette époque une opinion sur le syndicalisme qui le rendait parfois impopulaire aux yeux de ses confrères. Reconnaissant envers les syndicats qui l'ont défendu tout au long de sa carrière, il ne peut s'empêcher de penser que ces organisations permettent souvent de cacher l'incompétence et, pis encore, facilitent l'avancement des incompétents dans certaines entreprises.

Il a quand même accepté d'être copilote sur un DC-3, ce qui lui semblait néanmoins un emploi de deuxième ordre. Il a cependant prévenu le chef pilote, André Bouchard, qu'il était «blessé dans son orgueil». Ce dernier lui a donné espoir.

— Si tu restes, je te dis que dans un an, jour pour jour, tu seras promu commandant de bord sur le Beech-99.

— Mais comment pourrez-vous contourner la convention? Il y a une vingtaine de gars devant moi sur la liste d'ancienneté.

— Tu verras. C'est moi qui prendrai la décision finale.

Robert Piché a consenti à prendre le pari, à jouer le jeu et à se défoncer au travail. Il n'était

83

pas pilote pour l'apparence ou la gloire. Il en a chargé, des barils de 45 gallons, tandis que la plupart de ses collègues pilotes refusaient de se salir les mains et brandissaient la convention collective.

Avec son ami de Bagheera, lui aussi récupéré par les Ailes du Nord, il a emmagasiné une expérience précieuse. Comme ce jour où le tandem avait été dépêché à Port-Cartier pour y faire monter des cadets de l'armée. Les deux navigateurs n'arrivaient pas à repérer l'aéroport, ni à l'œil, parce que le sol était couvert de neige, ni sur les cartes, parce qu'il s'agissait d'un terrain d'atterrissage privé n'y figurant pas. Son ami pilote, qui ne paniquait jamais, a dit avec beaucoup d'assurance dans la voix : «On va descendre au radar à 500 pieds au-dessus du fleuve. Quand on passera au-dessus de Port-Cartier, on fera des cercles et on finira certainement par voir un aéroport.» C'est ce qu'ils ont fait. Le hic, c'est qu'il neigeait à plein ciel et qu'ils ne parvenaient toujours pas à détecter ce qui pouvait ressembler à une piste.

À un moment donné, Piché a aperçu un autobus scolaire kaki. Il a alors dit à son compagnon : «Suivons-le! Il doit sûrement aller à l'aéroport.» Ils n'ont pas perdu sa trace et ils ont fini par voir une piste et par se poser. Le soir, ils en ont bien ri, autour d'un bon verre de rouge.

Un an plus tard, Piché a appris qu'un poste de commandant de bord sur le Beech-99 s'était libéré. Il a rappelé à M. Bouchard son engagement. Ce dernier a tenu parole, et le pilote de Mont-Joli a obtenu la promotion qu'il convoitait. Son patron lui a donné un immense manuel résumant toutes les procédures de l'appareil qu'il aurait désormais à piloter. «Je me disais : "Tiens, y a-t-il des livres qui traitent des avions?"» se souvient Piché. À Air Gaspé, le patron préférait leur donner lui-même une formation et les voir apprendre sur le tas, plutôt que dans les livres. Puisque Piché avait à son actif plus de 200 heures de vol sur ce type d'avion, il n'a lu que la moitié de l'imposant manuel. Assez pour voir que ce qui comptait, en fait, c'était les procédures d'urgence, plus précisément le réallumage d'un moteur en vol. Il y avait une vingtaine d'étapes et il fallait les savoir par cœur.

Lors d'un vol-examen, le chef pilote a justement éteint un moteur et lui a demandé de le remettre en marche. Le pilote s'est exécuté et le moteur a démarré, mais son patron s'est montré perplexe.

– C'est pas fameux, Piché. T'as peut-être réussi, mais tu n'as pas respecté la procédure. Tu as inversé deux ou trois étapes.

– L'important, c'est que le moteur soit reparti, non?

Il a dit « d'accord », son chef a confirmé sa promotion et ne lui a jamais reparlé de cet incident. Le pilote a réalisé plus tard qu'il voulait le préparer à faire face à des collègues frustrés de ne pas avoir eu le poste et qui lui chercheraient peut-être noise lorsqu'ils voyageraient ensemble. Autrement, le chef pilote en aurait peut-être déduit que sa recrue n'avait pas l'étoffe pour faire face aux ennemis de l'intérieur, jaloux de sa nomination.

Malgré tout, Piché était content de voler sur un DC-3, un appareil mythique des années d'après-guerre. Robert Piché découvrait la Basse-Côte-Nord et le reste de la province. Il vivait toutes sortes d'expériences nouvelles, comme la fois où il avait piloté un DC-3 sur skis et s'était posé sur le lac Kebodot, au nord de Wabush. L'avion avait *slushé* (s'était enlisé dans la neige fondante), l'obligeant à pelleter pendant huit heures pour le dégager et attendre que les conditions soient favorables pour redécoller sur le lac gelé. Robert Piché se souvient avec amusement que, une fois l'avion dégagé, il avait fallu l'utiliser pour tracer une piste improvisée dans la neige et attendre le gel pour pouvoir décoller. Le commandant était monté seul à bord pour procéder à cette manœuvre et s'était aperçu que l'avion répondait bien. Il n'a fait ni une ni deux et a décidé de décoller, laissant au sol son copilote Piché. Au même moment, un hélicoptère en provenance de Wabush, venu s'enquérir de leur sort, l'a récupéré et ils ont volé en formation jusqu'à l'aéroport.

Dire que les pilotes étaient rémunérés un cent de plus par mille pour voler sur skis! De retour à la maison, Piché a reçu un appel de son chef pilote, André Bouchard, qui le félicitait pour son travail de la journée. «Pour la cenne d'extra du mille en volant sur skis, je pense que vous en avez eu pour votre argent aujourd'hui», a rétorqué le copilote.

Il aimait, par exemple, voler jusqu'à Blanc-Sablon et y passer quelque temps, alors que pour ses collègues, c'était un pensum. Piché courtisait les infirmières du petit hôpital de l'endroit et savourait pleinement ses séjours là-bas. Les pilotes des Ailes du Nord disposaient d'une maison lorsqu'ils devaient y passer la nuit. Il y avait parfois trop d'employés pour le nombre de lits disponibles et les collègues se les disputaient. Au petit matin, ils se réveillaient courbaturés et se plaignaient de la piètre qualité des matelas. Piché rentrait généralement aux petites heures. Il se trouvait un oreiller et s'endormait sur un coin de plancher. Il se réveillait frais et dispos, prêt à repartir à l'aventure. «Les gars me prenaient pour un Martien!» se rappelle-t-il en riant.

C'est à cette époque que Piché a vécu son premier «incident» de vol sérieux. Il avait

promis à sa copine d'aller voir jouer les bas-
ketteurs Harlem Globetrotters qui se produi-
saient exceptionnellement à Sept-Îles. Il avait
passé une longue journée aux commandes de
son petit Navajo (sept passagers), avec plusieurs
arrêts en Gaspésie et sur la Côte-Nord. Il devait
normalement être de retour à Sept-Îles à 19 h 30.
C'était un peu serré, mais il comptait quand
même terminer à temps pour le match de basket-
ball qui commençait à 20 h. Sa dernière liaison était Mont-Joli–Sainte-Anne-des-Monts–
Sept-Îles. Il a décollé de Mont-Joli sans passager, à destination de Sainte-Anne-des-Monts
où il allait en cueillir deux. Piché connaissait ce
coin de pays comme pas un, pour l'avoir parcouru en voiture très souvent avec son père
et survolé des dizaines de fois du temps
d'Air Gaspé. Peu de temps après le décollage de
l'aéroport de Mont-Joli, à la hauteur de Cap-
Chat, il entendit un retentissant «boum!» et
l'appareil se mit à vibrer. À tel point qu'il n'arrivait même plus à lire les instruments. Livide,
son jeune copilote semblait totalement dépassé
par les événements.

Lorsque Robert Piché était un débutant, à
Air Gaspé, le chef pilote Mike Viens lui avait
donné un conseil qui lui était resté en tête : «Si
jamais tu te retrouves dans une situation d'urgence, mon jeune, prends une décision. S'il ne
s'agit pas de la bonne décision, prends-en une

autre. Mais surtout, ne reste pas assis à ne rien faire. Quand on est le commandant de bord, il faut agir.» Les pilotes n'avaient pas vraiment de formation, chez Air Gaspé. Leurs plus grandes leçons, ils les recevaient dans les restaurants et les bars. Ainsi se déroulait leur baptême professionnel : les plus jeunes allaient prendre un verre avec les pilotes expérimentés, ces derniers leur racontaient leurs bons et leurs mauvais coups, et ils en tiraient les enseignements qui s'imposaient. Cela valait bien des universités. Ce que Robert Piché a appris de ces vieux pilotes dont il buvait les paroles lui a, consciemment ou non, beaucoup servi au mois d'août 2001, quand il s'est retrouvé sans moteur au-dessus de l'océan Atlantique aux commandes de son Airbus 330.

En survolant Cap-Chat, l'avion tremblait et était de plus en plus instable. Il lui semblait que le son anormal venait de la gauche. Piché a donc pris la décision d'éteindre le moteur de gauche. Aussitôt, les vibrations ont cessé, il a fait l'approche sur Sainte-Anne-des-Monts avec un seul moteur et a atterri comme si rien ne s'était passé. Une fois au sol, il a constaté qu'il manquait un morceau d'hélice. Elle s'était cassée en plein vol et ils en avaient perdu une partie d'environ 15 centimètres.

En se repassant le film des événements, Piché a réalisé qu'il avait été audacieux en fermant le moteur gauche. «J'y suis allé avec mon intuition. J'ai pris une chance. Si j'avais fermé le mauvais moteur, je n'ose m'imaginer dans quel pétrin je me serais retrouvé : plus de moteur, à 800 pieds au-dessus de l'eau. Peut-être que j'aurais été capable de planer», explique-t-il aujourd'hui, maintenant qu'il a l'expérience du vol plané. Il s'en est merveilleusement bien sorti, malgré tout. Ce soir-là, lui et son copilote sont demeurés à Sainte-Anne-des-Monts et il a fait une croix sur les Harlem Globetrotters. Son copilote a commencé à lui exposer ses théories :

– Savais-tu que lorsque nous perdons un moteur, c'est inversement proportionnel...

Piché n'a pas mis de temps à lui couper le sifflet.

– Ta maudite formule mathématique, y as-tu pensé tout à l'heure, quand on était en plein ciel?

Celui qui allait devenir malgré lui un héros national n'a jamais été un théoricien ou un technicien de l'aviation. «J'étais surtout doué pour savoir comment réagir une fois qu'il y a un problème», dit-il.

Le lendemain de l'incident, des mécaniciens sont venus de Gaspé. Ils ont découvert que le moteur défaillant ne tenait plus que par un seul des quatre boulons nécessaires. De sorte que si Piché avait attendu 30 secondes de plus avant de l'éteindre, ont dit les mécanos, le moteur se serait probablement détaché, emportant l'aile. L'avion se serait écrasé et les deux hommes auraient eu peu de chances de s'en tirer.

En mars 1977, Québécair, alors en pleine expansion, a recruté dans sa filiale de nouveaux pilotes. Robert Piché était du lot. Il a quitté Sept-Îles et emménagé à Montréal dans un petit trois et demi à Dollard-des-Ormeaux, avec Monique.

Dès ses premiers jours au sein de Québécair, il a dû s'astreindre à une session intensive de cours théoriques. Le chef pilote était intraitable : il fallait que les nouveaux apprennent tous les rouages du F-27, qu'ils soient même capables d'en dessiner le système hydraulique. Ce volet de l'aviation intéressait peu notre homme.

Finalement, il n'a pas eu à tout apprendre du F-27. Entre-temps, Québécair avait obtenu un important contrat de la Société d'exploitation de la Baie-James (SEBJ) et pendant presque cinq ans, Piché a été affecté à la liaison Montréal–Baie-James, en tant que copilote, sur un Convair-580. Il a ainsi accumulé 4 000 heures de vol et transporté des milliers de travailleurs vers les immenses chantiers hydroélectriques du Nord québécois. Le Convair était un appareil robuste qui contenait une cinquantaine de passagers. «Ce n'était pas un avion pour des manchots!» aime à dire Piché. Quand les équipages atterrissaient à la Baie-James, dans de grosses tempêtes de neige ou par des froids de – 50, la piste était souvent glacée et il fallait beaucoup d'aplomb. Il n'était pas question de remettre les gaz, il fallait se poser. «Ça prenait des hommes pour faire ça. J'ai appris à avoir une bonne discipline de vol. J'ai travaillé avec de très bons pilotes et... des moins bons», dit le commandant Piché.

Parfois, les équipages faisaient Montréal–Val-d'Or–Opiniaka–LG2–LG3–LG4–Caniapiscau, aller et retour dans la même journée. Il leur fallait se taper 12 décollages et 12 approches dans des conditions souvent difficiles. Ceux qui sont passés par là sont généralement devenus de bons pilotes. «Si les pilotes québécois sont bien reconnus internationalement, c'est beaucoup en raison de nos quatre saisons. On apprend à travailler dans toutes les conditions météorologiques possibles», estime-t-il.

Grand sportif, Robert Piché a vécu, du temps où il était à Québécair, une expérience inoubliable. Il avait mis sur pied, avec des collègues, une équipe de hockey. «Les scénaristes du film *Les Boys* n'ont rien inventé», dit-il en riant. En 1978 et en 1979, lui et ses coéquipiers sont allés jouer en France à plusieurs reprises, notamment à Chamonix, à Megève, à Tours... pour y affronter des équipes européennes. Les membres des Pélicans – c'est ainsi que s'appelait l'équipe de Piché – y ont effectué des séjours mémorables. Le jour, ils skiaient dans les Alpes. Ils disputaient leurs matchs en soirée et, partout où ils s'arrêtaient, les Pélicans faisaient salle comble. Les « Canadiens » gagnaient tous leurs matchs avant de faire la fête avec leurs hôtes.

En 1979, au retour d'un mois à Hawaï, Piché a profité d'un congé pour se rendre à Mont-Joli afin d'annoncer de vive voix à ses parents que Monique était enceinte. Venue à sa rencontre à l'aéroport, sa mère l'a informé qu'il fallait récupérer son père à l'hôpital de Rimouski. À son désarroi, il a trouvé son père mal en point. Revenu à la maison, son père était encore faible et respirait de plus en plus difficilement.

Son état s'aggravait, car il avait déjà subi quatre infarctus. « Robert, je suis rendu au bout de mon rouleau », a-t-il confié à son fils en le voyant.

Robert a senti, par la détresse dans la voix de son père, que cette fois, c'était vrai : il n'en avait plus pour longtemps. Les médecins lui avaient probablement avoué qu'il n'y avait plus d'espoir de guérison. « Paul, il te reste plus qu'à mourir », a-t-il soufflé à son père, le cœur serré, sentant la situation désespérée.

Quelques instants plus tard, son père, victime d'un nouvel infarctus, tombait inconscient, dans les bras de son fils. Déjà en route, les ambulanciers étaient arrivés à temps et étaient parvenus à le réanimer. Il est resté dans le coma pendant deux jours. Paul en est sorti presque au moment où sa fille Lucie, retardée par une tempête, arrivait enfin à son chevet. Attendait-il de voir tous ses enfants avant le Grand Départ? À son réveil, à l'hôpital, il a vu toute la famille et a demandé la permission de se lever pour faire le tour de la chambre. Il voulait en fait vérifier s'il était paralysé, car c'était sa hantise. L'infirmière a protesté, refusant obstinément qu'il se lève. Robert l'a ignorée, a pris son père par le bras et ils ont fait quelques pas ensemble. Il est mort dans la nuit.

Des tonnes de souvenirs sont alors remontées à la mémoire de Robert Piché. Il s'est rappelé leurs périples à travers la Gaspésie. Il s'est aussi souvenu de ce voyage en France qu'il avait eu la chance de faire avec ses parents et Monique, en 1978. Pour la première fois, il avait eu avec son père une «vraie» conversation. Celui-ci, comme bien des hommes de sa génération, partageait rarement ses émotions, mais, cette fois, il lui avait parlé à cœur ouvert. Ce fut un moment de grâce, un moment dont Robert se souviendra toute sa vie. Ils s'étaient dit, à leur façon, qu'ils s'aimaient. Par un bel après-midi chaud et ensoleillé, ils s'étaient attardés sur la terrasse d'un bistro, à Saint-Tropez, tandis que leurs conjointes magasinaient. Pour son premier voyage en France, son père était impressionné par le décor qui s'offrait à eux et ne savait plus où donner de la tête entre les yachts luxueux et les femmes aux seins nus. C'est cette fois-là que Paul lui avait confié qu'il préférerait mourir plutôt que de se retrouver un jour totalement invalide, diminué, incapable de faire ce qu'il aimait. À ses obsèques, l'église Notre-Dame-de-Lourdes, à Mont-Joli, était remplie. Un homme inconnu de tous, venu pour l'occasion, s'est longuement recueilli devant sa dépouille puis est reparti sans dire un mot à personne. Paul Piché lui avait sans doute rendu un immense service. Il y avait ainsi, un peu partout dans le Bas-Saint-Laurent, en Gaspésie ou ailleurs, des gens que M. Piché avait aidés. Comme cette fois où, délaissant illico ses obligations professionnelles, Paul avait conduit un ami dans un hôpital de Québec. Traité d'urgence pour une gangrène, cet ami avait eu la vie sauve. M. Piché avait hébergé le malade à la maison, le temps de sa convalescence.

Quelques mois plus tard, la vie reprenait le dessus. Monique donna naissance à une merveilleuse fillette qu'ils allaient baptiser Geneviève.

Après ses cinq ans affecté au Convair, Robert Piché a eu l'occasion de devenir premier officier sur le Boeing 737 que venait d'acheter le nouveau propriétaire de Québécair, Alfred Hamel. Piché avait l'impression d'atteindre enfin les ligues majeures de l'aviation et il entrevoyait l'avenir avec optimisme. Après une session de formation sur simulateur, à Halifax, il a commencé à effectuer des liaisons vers les États-Unis, vers la Floride en particulier.

Au cours d'un de ces vols, il a tiré l'une de ses plus belles leçons de pilotage. Lui et le commandant Jodoin approchaient de l'aéroport de Fort Lauderdale. Un violent orage s'apprêtait à frapper la région. Le commandant lui a ordonné d'appeler le contrôleur aérien et de demander une remise des gaz, car il apparaissait impossible d'atterrir avant l'orage. Le copilote Piché avait le microphone en main et n'arrivait pas à obtenir la communication avec la tour de contrôle, le trafic étant trop grand.

D'un coup, le commandant, un vieux pro, a détourné l'avion au-dessus de la mer.

– Tu rappelleras la tour de contrôle après et tu les mettras devant le fait accompli, a conclu le pilote d'expérience.

Ils ont atterri sans coup férir après l'orage. Cet homme venait de montrer à Robert Piché ce qu'est un véritable commandant de bord : le seul maître après Dieu. Celui qui prend les décisions, celui qui mène le *show*, le seul patron à bord.

À Marseille, Robert avec son ami pilote, Ivan de Bagheera.
Ensemble ils ont effectué une dizaine de convoyages d'avions
qui les ont menés en Asie et aux quatre coins du monde.
C'était pour eux ce que l'aviation avait de mieux
à offrir : l'aventure et la liberté.

*1995. Première escapade amoureuse avec Régine qui le photographie
à Entrevaux, dans l'arrière-pays niçois.*

*Sur la plage de Caro en France, première photo du couple :
Régine Lapraye et Robert Piché.*

Robert définit Régine comme étant la femme de sa vie.
Ici, elle pose à Sausset-les-Pins sur la Côte d'Azur.
C'était au tout début de leur relation, en septembre 1994.

La cérémonie du mariage de Régine et Robert. Ivan de Bagheera a servi de témoin au futur époux. Assise à proximité de la mariée, Murielle, son amie lui servant de témoin.

Aux premiers temps de leur relation, le couple Régine et Robert a habité cette maison provençale située dans un vignoble de Saint-Julien-les-Martigues à Bouches-du-Rhône.

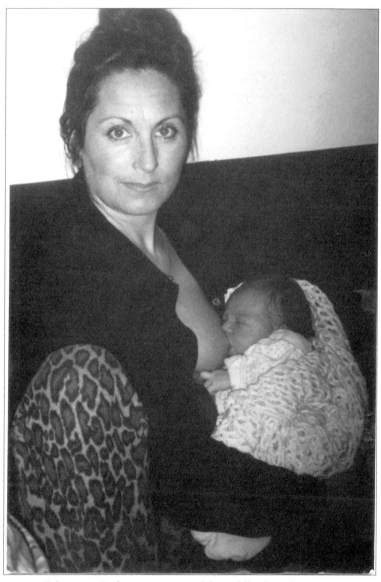

Régine et Robert ont nommé leur fille du même nom
que la mère de Robert. Pour la différencier,
on la nomme tendrement la petite Estelle.

*Aéroport de Marseille. Le commandant Robert Piché avec
sa petite Estelle, juste avant le grand départ pour le Canada.*

*Automne 1997, au Manoir Richelieu. La petite famille fête le 1er siège
de commandant de Robert chez Air Transat. C'est aussi à la fois
le jour d'anniversaire de Régine et de son arrivée officielle
au Canada avec la petite Estelle.*

L'ami de Robert Piché, son vieux complice depuis Air Gaspé : le pilote Ivan de Bagheera après une journée de rafistolage !

Jour de l'An 2000. Un couple visiblement très amoureux : Régine et Robert.

Dans un Airbus d'Air Transat, la petite Estelle sur les genoux du commandant, son papa.

Deux jours après son exploit aux Açores, Robert Piché avec son équipage
dans un C-130 de l'armée portugaise en route vers Lisbonne. Avec lui,
Dirk De Jager, son copilote, Meleni Tesic, Anita Dasilva-Fontes,
Sylvie Levac, Luka Isaac, Marlene St-Jean, Robert McKenna,
Anna Arauja de Sousa, Johnny Ursini et Salette Silva.
Absents sur la photo : Deborah Hay et Joe Ponciano.

L'équipage a fait escale à Brest entre Lisbonne et Halifax.

Après quelques mois à bord de ce Boeing 737, Piché a été mis à pied de Québécair, avec l'espoir d'être rappelé lorsque de meilleurs jours reviendraient. Le marché avait ralenti et la compagnie éprouvait de sérieuses difficultés financières. Ce fut le début de ce qu'il convient d'appeler sa «descente aux enfers».

Évincé de Québécair, Piché avait pour ainsi dire mis de côté l'aviation et se cherchait un nouveau métier. Sa vie amoureuse était tout aussi turbulente. Il venait de se séparer de Monique.

En revanche, il était follement amoureux de Denise. Il n'a connu qu'un seul coup de foudre dans sa vie et ce fut au début des années 80, à Gaspé, où il s'était rendu en cavale avec son ami Luc Paradis. Ce dernier venait tout juste de s'acheter une Spitfire, et les deux lascars avaient décidé de l'étrenner. Il y avait ce soir-là une fête pour les organisateurs des Jeux de l'Est-du-Québec et une certaine Denise faisait partie de la délégation de Mont-Joli. Quand elle a franchi la porte de la salle, Piché a eu le souffle coupé, littéralement. Il ne se souvient plus très bien ce qu'ils ont pu se dire lors de cette première rencontre. Il se rappelle très bien, par contre, que tous deux ont été follement épris l'un de l'autre dès cet instant. Ils ont vécu six ans ensemble, animés par une passion intense qu'on ne connaît qu'une seule fois dans sa vie. Leur histoire, interrompue par le séjour en prison du pilote, a pris fin au milieu de ses années de dérive dans les bars de Montréal. Piché l'a revue par hasard, plusieurs années plus tard, dans un hôtel de la République Dominicaine où ils séjournaient tous deux avec leurs nouveaux conjoints. Leurs regards se sont croisés, la première journée, mais ils ne se sont pas adressé la parole. Il comptait bien la revoir dans les jours qui ont suivi, mais ses espoirs ont été déçus.

En 1982, l'homme qui allait sauver plus de 300 vies en août 2001 et qui allait être honoré par ses pairs à Washington en août 2002 est devenu pendant quelques mois… «photographe immobilier». Denise était à ses côtés et l'assistait dans son travail. La petite entreprise qui l'embauchait lui avait donné comme mandat de photographier de belles propriétés. Il lui fallait ensuite solliciter les occupants dans l'espoir de leur vendre un calendrier orné de la photo de leur maison. Celui qui tenait ce commerce a fermé ses portes rapidement.

Qu'à cela ne tienne, Piché était prêt à se trouver un autre boulot, peu importe dans quel domaine. Il a lu un jour, dans une petite annonce, qu'un important concessionnaire d'automobiles de l'Ouest-de-Île cherchait des vendeurs et il s'est dit : «Pourquoi pas?» Après tout, il avait dû hériter à son insu de certaines qualités de son père qui avait fait carrière dans la vente de pièces d'automobiles. Le commandant Piché a fait ses débuts dans ce métier au Salon de l'automobile, à la place Bonaventure, en janvier 1983. Il fallait remettre au plus grand nombre de visiteurs possible un billet pour un essai routier. Il touchait une commission sur chaque retour, c'est-à-dire chaque fois qu'un visiteur se présentait au magasin pour faire un essai. Il réussissait plutôt bien dans ses nouveaux habits de vendeur et aucun autre représentant n'avait écoulé autant de billets que lui.

Le propriétaire misait gros sur son nouveau poulain et l'avait même pris en affection. Excellent joueur de racquetball, il avait même offert à Piché le privilège de l'accompagner à son club, et son nouveau protégé lui avait fait l'affront de le battre. Le patron aimait son côté sportif et, surtout, son enthousiasme au travail. Bref, Piché était voué à un bel avenir dans son entreprise. Le hic, c'est que la vente de voitures ne l'intéressait nullement. Il était prêt à le faire un certain temps, afin de se renflouer, sans plus. Le concessionnaire voyait en lui le prochain gérant des ventes et il fut furieux le jour où Piché lui a remis sa démission. «Je m'étais aperçu qu'il y avait dans ce métier quelque chose qui heurtait mes valeurs», résume-t-il. Il pensait que, pour être vendeur, il fallait faire une croix sur ses principes. Un jour, une pauvre femme mono-parentale s'était présentée pour s'acheter une petite voiture neuve. En étudiant son crédit, il avait bien vu qu'elle n'avait pas les moyens de se l'offrir et il avait refusé la transaction. Des collègues avaient ri de lui. Et la dame est revenue le narguer avec la voiture qu'un concurrent sans scrupule avait bien voulu lui céder.

5

La Jamaïque, du rêve au cauchemar

Piché était sans emploi quand un copain l'a appelé pour le prévenir qu'une petite compagnie postée à Freeport, aux Bahamas, recherchait un pilote pour un jet privé. Il a obtenu un rendez-vous, à Mirabel, avec un représentant de cette obscure compagnie.

L'homme lui a proposé de l'accompagner en Floride où il possédait une résidence. Piché ne posa pas trop de questions, mais il voyait bien que son employeur brassait des affaires pour le moins étranges. Toutefois, le pilote n'avait pas d'emploi, était libre comme l'air; il décida de le suivre. Son goût de l'aventure l'emportait sur toutes ses appréhensions. Le type lui donnait 700 $ US par semaine, au noir, évidemment. Quelques jours plus tard, ils se sont dirigés vers La Havane pour aller «chercher des clients». Ils ont atterri à Cuba au milieu d'un violent orage électrique. Personne ne répondait à ses questions quand Piché voulait en savoir un peu plus sur cette compagnie. En tout, il a passé un mois et demi avec ce mystérieux personnage. Son travail ne consistait qu'à piloter. Le reste du temps, il était libre de ses mouvements. Il se pliait au curieux itinéraire de son patron. Un jour, ils ont fait cap sur Managua, au Nicaragua, où ils ont fait monter trois individus. Ils avaient avec eux d'immenses sacs desquels dépassaient des cylindres : la pointe de mitraillettes. Piché a déduit, sans jamais toutefois en avoir la preuve formelle, qu'il transportait des trafiquants d'armes ou, du moins, qu'il avait affaire à des personnes peu recommandables.

Entre les envolées, Piché menait la grande vie avec son patron. À Managua, leurs hôtes les ont conduits dans un quartier pauvre, jusqu'à un édifice. À l'intérieur se cachait un restaurant français de haute tenue. Les convives, tous plus ou moins reliés au monde du crime, y mangeaient du filet mignon limousin et arrosaient leur soirée de bordeaux à 150 $ la bouteille. Pour Piché, c'était le bonheur et tout cela lui procurait ce fameux *buzz* qu'il recherchait constamment. Il se croyait au cinéma, adorait se retrouver dans ce genre de situations et goûtait à fond l'expérience, tout en prenant bien soin de ne pas se brouiller avec quiconque, une question de survie.

Après quelques jours inoubliables à Cuba, l'appareil s'est brisé, son contrat a pris fin et le pilote est rentré à Montréal. C'était en juin 1983.

Quelques semaines auparavant, il avait reçu l'appel d'un inconnu qui lui proposait 50 000 $ US pour transporter une cargaison de marijuana de la Jamaïque jusqu'en Géorgie, dans le sud des États-Unis. On lui fournissait une avance salariale plus 15 000 $ US pour qu'il puisse louer l'appareil. Il s'est rendu une première fois en Jamaïque pour se familiariser avec la piste où il aurait à se poser et, surtout, pour rencontrer le «patron», un imposant Jamaïcain surnommé «Roi» par ses subalternes. Deux gardes du corps, armés de mitraillettes, le veillaient jour et nuit.

On a fait attendre le pilote québécois plusieurs heures avant qu'il puisse le rencontrer et Piché sentait la rage monter en lui. Finalement, «Roi» l'a fait entrer. Ses gardiens lui avaient poliment suggéré de ravaler sa colère et de montrer patte blanche. «Roi» détestait les «aplaventristes» mais supportait mal d'être contrarié. Piché est entré, a refermé la porte du bureau assez violemment. Le producteur-exportateur de marijuana était assis, un énorme cigare à la bouche, comme dans les films de série B. Il sondait le pilote du regard, hésitait à parler, se demandait une dernière fois s'il n'était pas face à un agent double.

– L'avez-vous, cette dope? On va la transporter, ne vous en faites pas. On sera ici avec un avion au jour et à l'heure que vous voudrez, a dit Piché.

Son interlocuteur a semblé convaincu et a commencé alors à lui donner toutes les consignes. Quand le pilote est sorti, le bras droit du patron lui a soufflé à l'oreille que «Roi» avait bien aimé son attitude. Il aimait les fonceurs et détestait les timides.

Le matin du 17 juin, Robert Piché s'est rendu au bureau d'une compagnie privée, rue Ryan, à quelques pas de l'aéroport de Dorval, à Montréal. Louer un avion sans le pilote de la compagnie, c'était pratiquement impossible, sauf dans cette petite compagnie. Piché avait quand même demandé à sa conjointe d'alors, Denise, de l'accompagner, afin de se donner encore plus de crédibilité. Il avait accepté de faire ce voyage pour l'argent, bien sûr, compte tenu de sa situation délicate, mais aussi pour le *thrill* de découvrir cet univers, par goût de l'aventure.

Au moment de louer le Piper Aztec, il avait, par précaution, donné comme prétexte qu'il se rendait chercher une cargaison de homards aux Îles-de-la-Madeleine!

Quand tout a été réglé, le pilote québécois a établi son plan de vol et il a décollé. Il s'est d'abord dirigé vers Boston, où il a passé les douanes. Puis il a fait escale à Atlantic City avant de faire cap sur l'aéroport de Butler Aviation à Savannah, dans l'État de Géorgie. Il y est resté quelques jours, le temps que l'on retire les sièges de l'appareil afin de faire plus de place à la précieuse cargaison.

Il est reparti vers la Jamaïque, a fait un premier arrêt en Floride, à Pompano Beach, pour faire le plein de carburant. Robert Piché a redécollé le lendemain matin. Après un arrêt à Marathon, dans les Keys, il a repris la route jusqu'à Kingston, en Jamaïque.

Là-bas, il a en quelque sorte été reçu en héros! Les producteurs ont beau cultiver de la drogue et la vendre aux États-Unis, il leur faut une liaison entre les deux États. Quand ils recrutent un passeur, ils lui font la vie très douce. Piché a été reçu comme un roi, on l'a hébergé dans une *fuckhouse* (inutile de traduire!), maison sur pilotis, sur la plage, d'où il avait une vue imprenable sur le coucher de soleil. C'était la quintessence du vice, à la fois féerique et orgiaque, tout à fait décadent. Il est resté dans ce paradis terrestre deux ou trois jours, à demi éveillé, abandonné à la volupté, soumis aux caresses des femmes qui venaient s'offrir à lui.

Il est reparti le lendemain à destination du petit aéroport rural de Reidsville, près de Savannah, dans le *county* de Tattnall, alors qu'il faisait encore nuit. Son bimoteur cachait 500 kilos de marijuana répartis en 53 ballots et quelques sacs de plastique. Il était d'ailleurs assis sur l'un d'eux. Il vivait dans une sorte de brouillard, se croyait invincible et au fond de lui, il se disait que se faire arrêter « ça n'arrive qu'aux autres ». Il avait réussi des atterrissages miraculeux du temps d'Air Gaspé, il avait toujours réussi les missions qu'on lui confiait. Pourquoi, cette fois, il ne s'en tirerait pas ? Il se rassurait du mieux qu'il pouvait. Sans compter que lorsqu'il aurait effectué sa livraison, il toucherait de quoi vivre pour plusieurs mois.

L'aéroport de Reidsville avait été choisi parce qu'il était, lui avait-on expliqué, désaffecté. En fait, avait-il appris beaucoup trop tard, il était utilisé presque exclusivement par des policiers et il était suicidaire de s'y aventurer avec un avion bourré de marijuana. Personne ne l'avait prévenu non plus qu'il y avait une prison fédérale dans les environs.

Robert Piché a posé son Piper Aztec peu après 5 h du matin, toutes lumières éteintes. Par malheur, un policier de l'État de Géorgie s'y trouvait pour préparer le décollage d'un appareil de l'État. En apercevant l'avion que pilotait Piché, le *trooper* a tout de suite flairé l'affaire et pensé au trafic de drogue. Piché a essayé de redécoller pour lui échapper, même s'il n'avait plus que pour 20 minutes de carburant. Le policier, posté à 100 mètres de lui, s'est lancé à sa poursuite en voiture et il est facilement parvenu à emboutir le petit avion. Il devait rouler à 100 km à l'heure quand il a frappé l'appareil. L'avion s'est immobilisé, le policier est sorti de sa voiture, a brandi son .38. Les deux hommes tremblaient. Piché se souvient de lui avoir dit : « *Woh! Woh! Take it easy! I have no gun, estie! I only have pot!* » Le policier, un certain Billy Smith, a rétorqué, sèchement : « *Get out of the aircraft.* » Il a passé les menottes au pilote et l'a mené à la petite prison de Reidsville où il a dormi pendant au moins 12 heures, épuisé de n'avoir pas fermé l'œil depuis trois jours.

De son propre aveu, ce matin-là fut l'un des plus difficiles de sa vie. Il s'est regardé dans le miroir et s'est parlé : « Piché, t'es dans la merde pis pas à peu près. Il faut que tu te sortes de d'là. » Les pensées se bousculaient dans sa tête. Il songeait à sa mère, au mal qu'il lui causerait quand elle saurait. Il pensait à sa carrière qu'il croyait alors finie à jamais, il pensait à Mont-Joli, au Québec, et se disait qu'il n'y retournerait peut-être jamais plus. Par-dessus tout, il se sentait seul au monde, désespérément seul.

Il voyait le visage d'ange de sa fille, Geneviève, qui n'avait pas encore quatre ans, et se demandait s'il la reverrait un jour. Il était dans l'inconnu et imaginait tout ce qu'il y a de pire.

Il s'était fait capturer dans un petit village et devinait que les autorités locales ne savaient pas trop comment traiter son cas. Il n'avait pas l'air d'un bandit. D'ailleurs, peu de temps après son atterrissage hypermédiatisé aux Açores, en août 2001, le policier qui l'avait arrêté en 1983, Billy Smith, a avoué avoir, à l'époque, éprouvé de la sympathie pour Piché. «Je n'ai jamais pensé qu'il était un mauvais gars. Il n'avait pas de la graine de criminel. C'était simplement un type qui, à ce moment-là, tirait le diable par la queue.»

Puisque Piché était un cas «atypique» aux yeux des autorités locales – ce n'est pas tous les jours qu'un pilote de ligne canadien se pose dans un petit village de Géorgie avec une cargaison de *pot*! –, elles avaient résolu de ne pas le mêler à la population carcérale normale, du moins dans l'attente de son procès. Comme il n'y avait personne dans l'aile des femmes de la prison de Reidsville, on avait décidé de l'y installer. Il a passé 31 jours dans une minuscule cellule de 2,5 m x 2,5 m (8 pieds x 8 pieds), seul avec lui-même, sans voir la lumière du jour, sans savoir ce qui l'attendait. Il lisait un roman par jour, c'était sa façon de s'évader.

Piché n'avait toujours pas raconté sa mé-saventure à sa famille et à ses amis. Par un concours de circonstances, ses proches ont toutefois fini par connaître la vérité. La GRC avait commencé son enquête sur Robert Piché. Et puisque le pilote avait en sa possession sa carte professionnelle de Québécair lors de son arrestation, des policiers ont rendu visite à ses anciens employeurs, y compris le concessionnaire d'automobiles où il avait travaillé quelques mois. Des informations au sujet d'un certain Robert Piché, originaire de Mont-Joli et pilote d'avion, avaient fini par circuler à l'intérieur de la GRC. Un membre de la police fédérale, originaire de Mont-Joli et grand ami de son frère aîné Pierre, avait un jour vu passer ce nom qui lui était familier. Il avait tout de suite téléphoné à son ami : «Savais-tu que ton frère est dans la merde et qu'il est en prison aux États-Unis?» Stupéfait, le frère aîné avait quand même décidé de ne rien dévoiler à leur mère et de trouver l'argent pour la caution. Un juge l'avait fixée à 102 000 $ US. Ce qu'il restait de l'avance de Robert ne suffisant pas, Pierre a réussi à compléter la somme auprès des membres de la famille.

Piché est revenu au Canada en juillet. Au mois d'octobre, il est reparti seul aux États-Unis pour y subir son procès. Il a pris un billet d'avion pour Fort Lauderdale et, de là, il a loué une voiture pour se rendre en Géorgie. Il n'a eu aucun mal à franchir la frontière puisque son passeport était toujours valide. Il n'était toujours pas formellement accusé.

Une chose est sûre : dans cette histoire, Piché s'est fait flouer par l'avocat américain dont il avait retenu les services à prix fort et il en garde un souvenir très amer. Avant son procès, l'avocat lui avait laissé croire qu'il s'en tirerait facilement, que c'était une petite ville, qu'il connaissait bien le juge et qu'avec l'argent que Piché lui avait donné, celui-ci n'avait pas à s'inquiéter.

– Tu vas être libéré. Tu auras une probation : tu la feras au Canada, répétait-il avec une assurance presque suspecte.

Son pauvre client voulait bien le croire, lui qui n'avait aucune expérience du monde judiciaire. En somme, il n'avait pas d'autre choix que de le croire. Il était seul et en détresse, vulnérable. La veille de son procès, l'avocat lui a offert une soirée avec une femme, une sorte d'escorte. Piché a passé la nuit avec elle.

Dès son arrivée devant la Cour, au palais de justice de Tattnall County, en Géorgie, le 9 octobre 1983, il a suivi la consigne de son avocat et choisi de plaider coupable. Le juge a prononcé sa sentence sur-le-champ. Le magistrat le condamnait à 10 ans de pénitencier, mais il acceptait toutefois de réduire la peine à cinq ans de prison et cinq ans de probation s'il payait une amende de 52 000 $. Piché a reçu cette sentence comme un autre coup de masse, plus violent que celui reçu à l'époque du cégep.

Il cherchait son avocat du regard. Celui-ci avait déjà quitté la salle d'audience, pressé d'aller bavarder avec ses collègues à l'extérieur. Il n'oubliera jamais son sourire, le sourire de la trahison. Piché dit avoir vu ce jour-là ce que la nature humaine a de plus laid, avoir réalisé «qu'il y a des gens sans scrupule qui profitent du désarroi et de l'inexpérience des autres pour les exploiter».

Peu après le prononcé de la sentence, des gardiens l'ont conduit dans la même petite prison de Reidsville où il avait séjourné après son arrestation. Il était dévasté, littéralement. Il se disait : «Pas encore pogné dans ce câlisse de trou à rat là?» Il s'imaginait coupé du monde pour les dix prochaines années, pensait à sa fille Geneviève qu'il aimait tant : reconnaîtrait-elle son père après tout ce temps? Il n'a jamais eu aucune velléité suicidaire, heureusement, parce que ce jour-là, il aurait eu tous les prétextes voulus.

Piché est demeuré incarcéré jusqu'en janvier. De temps à autre, le shérif lui permettait de quitter sa cellule pour regarder en sa compagnie une partie de hockey à la télévision. Ce privilège le réconfortait, lui rappelait le Québec, surtout quand il avait le bonheur de voir un match du Canadien de Montréal. Une fois par semaine, son gardien le laissait quitter sa cellule et lui octroyait la permission de rester 30 minutes dans la cour. Il prenait un peu de soleil, savourait chaque seconde de cette liberté provisoire. «Quand on est incarcéré, a-t-il constaté, le moindre petit plaisir atteint des proportions énormes.»

Le reste du temps, il demeurait confiné à ce qu'on appelle là-bas le *drunk tank*, une cellule temporaire où l'on enferme pour deux ou trois jours ceux qui ont trop bu ou se sont trop drogués. Il y a là un roulement ininterrompu. Certains soirs, il avait pour voisins des prévenus en attente de procès. D'autres fois, des détenus faisaient escale jusqu'à leur transfert dans une prison fédérale.

Au bout d'un certain temps, il a demandé à être transféré du côté des hommes. On lui a répondu d'y penser plus sérieusement, car il pourrait être avec des meurtriers et des psychopathes. Il a quand même adressé sa requête. Il souhaitait avoir des gens à qui parler.

Avant d'obtenir sa réponse, il a reçu une visite aussi inattendue qu'inespérée. Denise, sa conjointe, son grand amour. Elle avait eu le courage de partir seule de Montréal, étant peu férue de voyages, elle avait trouvé la route de ce petit village de Géorgie pour venir à sa rencontre. Fallait-il qu'elle l'aime! Le shérif était un peu décontenancé par cette visite inopinée. Il a décidé de laisser la visiteuse dormir avec son conjoint dans sa cellule. Dormir est un grand mot : ils ont fait l'amour presque sans répit.

Dans les jours qui ont suivi, Piché a intégré le reste des prisonniers. On lui a assigné un compagnon de cellule avec lequel il s'est lié d'amitié. Il s'appelait John, avait une trentaine d'années et était de race noire. Ce n'était pas nécessairement le genre de personne qu'il aurait invité à dîner chez lui, mais, dans ces circonstances, il appréciait sa compagnie. Rien qu'à bavarder avec lui, il a beaucoup appris sur cet univers carcéral, un monde qui lui était inconnu. John avait purgé une peine de huit ans dans une prison fédérale. Il avait commis un nouveau délit – un viol – peu de temps après sa sortie et se retrouvait de nouveau derrière les barreaux, avec l'«espoir» de retourner dans une prison fédérale. Bien des gars, lui avait-il expliqué, quittent la prison avec le désir d'y retourner, parce qu'ils ne sont pas capables de fonctionner ailleurs, dans un autre contexte. La Constitution et les lois américaines garantissent aux prisonniers le droit d'être nourris, blanchis, éduqués. Ils ont accès à la bibliothèque, peuvent pratiquer leurs sports préférés, travailler.

Né dans une famille pauvre de Géorgie, John avait quitté l'école très tôt. Il n'avait jamais mangé trois fois par jour et avait reçu plus que sa part de coups de poing sur la gueule. Alors, pour lui, la prison et ses trois repas quotidiens, c'était presque un privilège. Piché n'avait d'autre choix que de le croire, tout en mesurant l'écart immense entre son destin et le sien.

6

L'art de survivre en prison

Le 11 janvier 1984, Robert Piché était transféré à la Coastal State Prison du comté de Tattnall. Généreuse et attentionnée, sa sœur Lucie lui avait envoyé, en plus d'écrire régulièrement, une boîte d'arachides et de *cashews* pour les fêtes. Ses geôliers la lui ont remise ce jour-là. Il en a offert à tous ses copains de détention et ils étaient aux anges.

Des gardiens sont venus le chercher peu après minuit. Le ciel était lourd, une pluie fine tombait, «comme dans les films policiers». Ils lui ont passé les menottes, puis l'ont fait monter dans un fourgon cellulaire où une quinzaine de prisonniers étaient déjà entassés. Ils étaient tous des passagers à destination de la même prison fédérale.

C'était comme dans un cauchemar. Piché ne connaissait personne, évidemment, il parlait un anglais convenable, mais était peu habitué à l'accent du Sud et à l'anglais de la rue. Les gars devinaient tout de suite, l'entendant parler, qu'il était étranger. Il se sentait vulnérable, seul au monde. Ces gars-là ne savaient pas où était le Canada, encore moins le Québec, quant à Mont-Joli... Leur univers s'arrêtait à la Géorgie. Le jour se levait lorsqu'ils ont franchi les portes du pénitencier de Tattnall.

Ils sont entrés à la queue leu leu, sales et fourbus. Des gardiens leur ont ordonné de se dévêtir complètement, puis les ont aspergés d'un produit contre les poux, comme s'ils étaient du bétail, en les douchant avec un boyau, puis le barbier leur a rasé la tête. Se voir le crâne nu fut pour Robert un véritable choc et il ne se doutait pas encore qu'il lui faudrait six mois pour retrouver son allure. Moins d'un an auparavant, Piché portait l'uniforme de pilote, prenait place dans le cockpit de gros porteurs volant de Montréal à la Floride, marchait la tête haute dans les aéroports, auréolé du prestige de sa profession. Il se retrouvait aujourd'hui nu, flanqué d'une quinzaine de criminels de carrière, à subir une douche au boyau, le crâne complètement rasé.

Se déshabiller devant une bande de prisonniers était une expérience très désagréable. Certains lui jetaient des regards obliques, l'air de se dire : «Je vais me le faire, celui-là, avec sa belle peau blanche.» Les prisons sont remplies d'«homosexuels de circonstance», a-t-il réalisé dès ses premiers jours de détention. Ils assouvissent leurs besoins sexuels avec d'autres détenus, mais, dans leur esprit, ils ne sont pas homosexuels.

Le jour de son arrivée, Piché a été conduit dans le quartier de sélection, une petite aile un peu en retrait, où il n'était pas encore mêlé aux autres détenus. Mais, à l'heure des repas, il les côtoyait puisqu'il partageait la même cafétéria. À son premier dîner avec les autres pensionnaires, il marchait d'un pas incertain, se sentant épié. Quelques détenus ont sifflé au passage des nouveaux arrivants. À ce moment précis, Piché se disait intérieurement : «Dans quoi viens-tu de t'embarquer! T'es mieux de pagayer et de garder la tête au-dessus de l'eau, sinon tu vas y laisser ta peau.»

Il a séjourné six semaines dans l'aile de sélection. Il avait droit de sortir deux fois par jour, une pour aller dans la cour extérieure et une autre pour se rendre à la bibliothèque. Le reste du temps, il était confiné dans sa cellule avec trois autres détenus. Son seul moment de bien-être dans toute sa journée, son seul bonheur, sa seule évasion, c'était de prendre une douche à l'eau chaude, le soir venu.

«Calvaire, je suis encore vivant!» se répétait-il en sentant le chaud et puissant jet d'eau sur sa peau.

Tout au long de cette initiation à la vie en prison, la direction le soumettait à divers tests psychologiques et psychométriques. Bien qu'il ait obtenu d'excellents résultats en mathématiques et en anglais, les tests ont surtout révélé «une très grande dextérité manuelle, associée à une pensée rapide»…, ce qui n'a rien d'étonnant pour un pilote d'avion. Au terme de ces examens, certains prisonniers étaient dirigés vers d'autres types d'établissements. Piché, avait-on décidé, allait demeurer à la Coastal State Prison de Tattnall County et rallier le reste des détenus.

On lui a attribué une cellule qu'il devait partager avec trois détenus de race noire, ce qui constituait un accroc à la pratique courante qui voulait que Noirs et Blancs, quand ils étaient assignés à la même cellule, soient en nombre équivalent. Il naviguait d'autant plus prudemment, faisant attention pour ne pas provoquer.

La direction de la prison ne savait pas trop comment le traiter. Il était un cas unique : le seul pilote de ligne, le seul francophone, le seul Canadien parmi 800 prisonniers, dont 600 étaient de race noire. Elle lui a vite cherché un job à l'intérieur. Fallait-il l'affecter au débroussaillage autour de la prison, comme la plupart des autres?

Ou valait-il mieux le faire travailler dans les cuisines, bien que ce soit un endroit dangereux où les couteaux volent bas, au propre comme au figuré? La direction a plutôt opté pour une troisième solution. C'est ainsi qu'il est devenu l'assistant du professeur d'anglais.

Son anglais, bien que tout à fait acceptable, n'était pas parfait, loin de là. Mais il était de beaucoup supérieur à celui de la plupart des pensionnaires de la prison, très souvent illettrés. Un de ses copains de détention, justement, qui n'avait pas eu l'occasion d'apprendre à lire et à écrire, était en revanche excellent en dessin. Ils avaient convenu d'effectuer un troc intéressant. Le pilote écrivait à sa place des lettres à sa famille et faisait lecture des réponses qu'il recevait. Lui, en échange, offrait des dessins à son codétenu. Un jour, Piché a sorti une photo de sa fille, et son ami en a tiré un superbe portrait au crayon. Geneviève l'a reçu par la poste, à temps pour son anniversaire, le 24 avril. Aujourd'hui encore, Piché revoit ce dessin avec émotion.

Quand elles ont constaté que leur nouveau détenu s'acquittait bien de ses fonctions d'assistant du professeur, les autorités carcérales lui ont proposé un nouvel emploi. Il s'agissait de dactylographier des documents légaux. Il passait ses journées à retranscrire des demandes d'appel et diverses autres requêtes adressées par des pensionnaires de l'établissement. Il en avait beaucoup à taper, car, il faut le dire, en dedans, personne ne s'avoue coupable!

Par la force des choses, il lisait les comptes rendus des procès de ses codétenus et découvrait pour quels crimes ils avaient été incarcérés. Devenu fou furieux par manque de cocaïne, George, par exemple, avec qui il allait plus tard partager une cellule, avait tué à coups de marteau une vieille dame qui habitait au-dessus de chez lui. Piché avait des frissons dans le dos rien qu'à lire leurs histoires. Il n'arrivait pas à comprendre par quel mystère certains d'entre eux, qui avaient reçu des sentences de 50 ans de prison, s'accrochaient encore à l'espoir d'être libérés dans deux ans. Au fil des jours, Piché se tissait néanmoins un réseau d'amis et d'alliés parmi les détenus et les membres du personnel.

La fin de semaine, les prisonniers avaient droit à un seul appel téléphonique. Certains n'avaient personne à qui téléphoner et Piché «achetait» leur appel. Le gardien composait le numéro que le type lui demandait, puis il lui tendait le combiné par une petite trappe et ce dernier le refilait à Piché. Le gardien fermait les yeux et, à la limite, trouvait le manège sympathique. Cet accroc au règlement lui avait permis de faire, semaine après semaine, quatre ou cinq appels téléphoniques à ses proches. La monnaie d'échange? Les paquets de cigarettes Kool. Personne ne fumait ces cigarettes à la menthe destinées aux femmes, mais elles servaient bizarrement d'unité monétaire, dans la mesure où les détenus n'avaient pas droit d'avoir de l'argent sur eux.

Le pilote avait tout de même réussi à cacher un peu d'argent de poche et l'utilisait parcimonieusement.

Quand il faisait ses appels, les autres détenus s'attroupaient, car, le détenu Piché était une attraction, malgré lui. Ils étaient parfois 25, entassés autour du téléphone, rien que pour l'entendre parler français! C'était l'«événement» de la semaine. Il avait peine à garder son sérieux quand il parlait à sa copine :

— Tu devrais voir toute la gang qui est autour de moi en train de m'écouter!

Robert Piché les revoit encore, silencieux, avec leurs yeux grands ouverts et leurs sourires nerveux qui laissaient voir leurs dents extraordinairement blanches. Ils étaient là juste pour avoir quelque chose de spécial à faire dans leur journée, pour écouter la musique particulière de la langue française, pour trouver un peu d'exotisme et changer la routine. Pour eux, se réunir autour du téléphone pour entendre le détenu canadien parler en français équivalait à une sortie au cinéma. En prison, tout ce qui peut briser la monotonie vaut de l'or.

Après quelques semaines, les gars faisaient la file pour lui vendre leur appel téléphonique. Il arrivait quelquefois que l'employée de son avocat, qu'il avait rencontrée la veille du procès, vienne le visiter en prison. Cette femme s'était prise d'affection pour lui. À chacune de ses visites, Piché s'arrangeait, à l'insu de son gardien, pour s'imprégner de son parfum, sachant fort bien que de retour en cellule, cela lui rapporterait. Il chargeait deux paquets de cigarettes Kool à ses codétenus pour humer ce parfum de femme. Tout se monnaye en prison, même les effluves d'une femme.

Pendant plusieurs mois, Robert Piché a réussi à cacher à sa mère son arrestation et son emprisonnement. Il ne voulait pas l'inquiéter, la décevoir ou lui faire du mal. Au téléphone, le jour de Noël, il était parvenu à camoufler sa tristesse de ne pas être auprès des siens et lui avait plutôt raconté qu'il avait trouvé du travail aux États-Unis, qu'il était débordé et que ses obligations l'empêchaient de revenir au Québec.

Lorsqu'elle a finalement su où son fils était, elle a fait le voyage pour le voir en prison, accompagnée de sa fille Lucie. En le voyant dans ses habits de prisonnier, Estelle a fondu en larmes et l'a serré dans ses bras. Tout aussi ému, il est redevenu pour un instant un petit garçon repentant. Il était tellement triste de lui faire tant de peine! Robert a tout de même trouvé la force de la consoler et de la rassurer.

— Pleure pas comme ça, maman. C'est pas de ta faute. Tout ça c'est de la mienne, avec mon maudit goût de l'aventure. T'en fais pas, Estelle, je vais m'en sortir, tu vas voir.

Sa mère est rentrée à Mont-Joli, à demi rassurée. Elle savait désormais qu'il vivait tout de même dans des conditions acceptables, qu'il mangeait bien et avait bonne mine. Elle craignait pour sa sécurité, dans ce milieu qui lui avait semblé une jungle. Elle a continué de prier pour que son fils bien-aimé trouve le courage de traverser cette épreuve, qu'il refasse sa vie et que sa grande bonté remonte à la surface.

Cette visite a donné un second souffle à Piché. Sa mère l'a toujours aimé, inconditionnellement, lui a toujours pardonné. «C'est son amour qui m'a sauvé. Elle ne m'a jamais jugé», répète-t-il aujourd'hui. Il savait qu'elle serait toujours là, même quand il était seul au monde et que tout s'écroulait autour de lui.

Robert Piché se sentait de plus en plus à l'aise dans son travail de copiste. Il dactylographiait les documents à qui mieux mieux et, du coup, amassait un peu d'argent. Un beau jour, il a appris que le détenu en charge de la cuisine, celui qui établissait les menus et gérait le personnel, avait «sauté les plombs» et s'était fait confiner au «trou», la cellule d'isolement. Le «civil» responsable de la cuisine faisant partie du personnel de la prison, il cherchait donc un autre détenu pour combler le poste. Piché a postulé et, grâce à sa conduite irréprochable, il a été choisi.

C'est ainsi qu'il a commencé une nouvelle «carrière» dans les cuisines. Il s'est tout de suite bien entendu avec le patron. Ils avaient ensemble de longues conversations, sur tout et rien, des conversations légères, d'autres plus profondes. Un climat de confiance s'installait. Un jour, son supérieur lui a confié qu'il était triste et désemparé parce que sa femme, atteinte d'un cancer incurable, était désormais en phase terminale.

Il travaillait aux cuisines depuis trois mois, quand le patron lui a annoncé qu'il démissionnait. Robert a appris la nouvelle avec émotion.

– Pour le peu de temps qu'il reste à votre femme, vous ferez bien d'être à ses côtés. Je vais la prendre en charge, votre cuisine, partez en paix. Vous m'avez bien enseigné.

– Bob, t'es un maudit bon gars. T'as pas d'affaire ici.

– Non, non. Je suis comme tout le monde ici. J'ai commis un délit et j'en paie le prix.

– Ne t'inquiète pas pour ton avenir. Tu ne croupiras pas ici, tu ne purgeras pas ta sentence jusqu'au bout. Ta conduite est parfaite. J'ai dit un bon mot pour toi à la direction.

Piché refusait de s'accrocher à ces propos. Il risquait d'être trop déçu s'il se mettait à fantasmer sur son éventuelle libération. Il reste que ces paroles le réconfortaient et lui faisaient grand plaisir.

Devenu *de facto* le responsable des cuisines, Piché apprenait vite et bien à maîtriser ses nouvelles fonctions. Le mandat était de taille : il fallait préparer 800 repas, trois fois par jour. Le responsable devait veiller à la rédaction des menus, les faire imprimer et s'assurer qu'ils soient distribués dans chaque bloc cellulaire, tenir les inventaires à jour, équilibrer le budget, commander la marchandise, gérer le personnel. Les détenus ont le droit, en vertu des lois américaines, de savoir ce qu'ils auront dans leur assiette.

Pour les fêtes, il faut leur offrir les mêmes repas que ceux des autres Américains, question de dignité. À la *Thanksgiving*, ils ont droit à de la dinde. Il y a des prisonniers qui sont enfermés derrière les barreaux depuis 20 ans et pour les 20 années à venir. Leur petit bonheur, c'est de manger quelquefois des repas traditionnels, et il ne faut pas les décevoir.

Piché a dû apprendre très vite à gérer les couteaux dans les cuisines et dans la cafétéria. Il faut tenir un inventaire serré et il ne doit pas en manquer un seul à l'appel. Le boucher, pour qui c'est le principal instrument de travail, doit signer un registre chaque fois qu'il en utilise.

Celui que l'on appelle aujourd'hui le «commandant Piché» avait 75 employés sous sa gouverne, tous des prisonniers. Si un couteau avait le malheur de disparaître, il en connaissait la cause : un détenu voulait en «piquer» (poignarder) un autre, mais pour survivre lui-même dans cette jungle, il devait jouer l'innocent, confirmer que tout le monde avait signé et rapporté son couteau. Quand cela se produisait, tous les détenus étaient enfermés dans leur cellule et il y avait une fouille systématique pendant 24 h. Parfois, les gardiens retrouvaient le couteau, et le coupable se faisait enfermer dans le «trou». D'autres fois, on ne parvenait pas à localiser l'arme et on apprenait, deux ou trois jours plus tard, qu'un détenu avait été retrouvé mort, poignardé. Fin stratège, Piché prenait alors le blâme pour la disparition de l'ustensile. Sinon, c'est lui qui risquait de se faire «piquer». Il avait compris très vite les lois non écrites du milieu carcéral.

Les autorités de la prison ont mis quatre mois à trouver un remplaçant «civil» au démissionnaire. Robert Piché a assumé l'intérim durant tout ce temps. Pendant toute cette période, il a été le patron des cuisines de la prison et avait même sous ses ordres trois superviseurs civils.

Un détenu qui donne des ordres à des non-détenus, c'était quand même inusité comme situation!

Le pouvoir est une notion bien relative. En prison, c'est une foule de petites choses qui semblent futiles aux yeux des gens libres. Dans l'exercice de ses nouvelles fonctions, le «pouvoir», pour le détenu Piché, consistait à jouir d'une liberté de circuler à l'intérieur même des murs. Le «pouvoir», c'était, par exemple, avoir le privilège d'accorder ou non les congés qui permettaient aux prisonniers de recevoir leurs visites le dimanche suivant, à un détenu de préparer des hamburgers à un ami qui avait une dette de cartes.

Pour la plupart des prisonniers, le hamburger était un grand luxe. Quand il l'inscrivait à son menu, le responsable des cuisines sortait pour l'occasion 150 livres de bœuf haché. Tout le temps, 25 à 30 livres disparaissaient. Certains détenus affectés aux cuisines s'empressaient de faire cuire leurs propres hamburgers et de les emballer hermétiquement afin de les vendre, le soir venu, dans les blocs cellulaires. Regarder la télé en mangeant un hamburger valait, pour eux, de manger au restaurant et d'aller au cinéma. Celui qui pouvait se payer cette extravagance était assurément très élevé dans la hiérarchie sociale de la prison. C'était comme le caviar dans le monde libre.

Le soir, à 20 h, quand les portes extérieures des quartiers se fermaient, c'était le *free for all* jusqu'à 23 h, la jungle. Les détenus pouvaient aller d'une cellule à l'autre en toute impunité, se battre, baiser, consommer de la drogue ou de l'alcool frelaté. Du vendredi soir au lundi, c'était le même manège. C'est dans cet univers que Robert Piché a appris à dormir d'un seul œil, à se méfier de tous les dangers, à développer cet exceptionnel instinct de survie qui l'a sûrement aidé, le soir du 24 août 2001, quand il a été confronté à la mort dans l'Airbus qu'il pilotait.

Il y avait des cellules à deux et des cellules à quatre. En général, les cellules à deux étaient réservées aux couples, aux «amoureux» à qui l'on accordait *de facto* le droit à l'intimité. Le week-end, c'était en quelque sorte les journées portes ouvertes. Les gars se promenaient torse nu, exhibaient leurs tatouages. C'était leur façon de se distinguer, de marquer leur différence, d'exprimer leur personnalité. Le reste du temps, ils devaient revêtir l'uniforme du prisonnier : chemise blanche et pantalon blanc à rayures bleues luminescentes. En cas d'évasion, ils étaient ainsi facilement repérables par les gardiens munis de puissantes lampes de poche.

Certains prisonniers voyaient d'un mauvais œil que Piché en mène aussi large dans la cafétéria. Un des cuisiniers, de race noire, a un beau jour laissé savoir aux autres qu'il allait «piquer» Piché. Il voulait le poignarder, avait-il laissé entendre, parce qu'il n'aimait pas voir un Blanc avec tant de pouvoir. Il vivait entre les murs depuis plus de 20 ans. Il s'attendait à certains passe-droits de la part du nouveau patron des cuisines. Il aurait aimé profiter des largesses de Piché, obtenir plus de congés que ceux auxquels il avait droit, et son codétenu devenu son supérieur hiérarchique les lui refusait.

Dans son cours accéléré de «Prison 101», Piché comprit que les choses se déroulaient ainsi dans cette microsociété. La nouvelle arrivait aux oreilles de la future victime : «Il va te piquer.» Si la personne victime des menaces ne faisait rien, il y avait de fortes probabilités qu'elle soit poignardée dans la soirée. Si elle agissait, en revanche, elle avait une chance de s'en sortir, et les détenus finissaient par la laisser en paix.

Cet employé des cuisines n'était pas le seul à en vouloir au Canadien. Des prisonniers de race blanche figuraient aussi parmi ses ennemis, car ils n'aimaient pas le voir partager sa cellule avec trois Noirs. Piché n'avait aucune objection à cohabiter avec des hommes de couleur. Il n'avait aucune velléité raciste. «D'où je viens, il n'y a presque pas de racisme», explique-t-il. Prudent, et conscient que plusieurs hommes lui en tenaient rigueur, il s'est informé sur les démarches à entreprendre pour changer de cellule.

Certains détenus homosexuels courtisaient Piché ou le convoitaient. Un immense prisonnier de race noire, d'au moins 1,90 m, se plaisait à dire à ses copains qu'il allait l'«essayer». Piché aurait préféré mourir plutôt que de subir ses assauts, et il appréhendait de se retrouver dans cette situation.

Heureusement, il s'était lié d'amitié avec un certain Royce Clinton – il a oublié la plupart des noms de ses ex-camarades de détention mais n'oubliera jamais celui-là –, un prisonnier originaire de Boston qui lui a donné des conseils fort utiles en pareille situation. C'est lui qui l'a prévenu des intentions de son probable agresseur sexuel. «Je n'en sais pas plus. Mais tout ce que je peux te dire, c'est que t'es mieux de coucher avec tes bottes avec des bouts en acier. Ça pourrait te sauver la vie», lui avait-il soufflé.

Quelques jours plus tard, le mastodonte débarqua dans sa cellule. Il devait être 17 h 30. Piché se reposait, seul, assis sur le lit du dessus, prêt au besoin à lui donner un coup de pied mortel au visage avec ses bottes qu'il avait pris soin de bien lacer.

– Je suis venu goûter à de la viande blanche, dit le géant, en lui décochant un sourire terrifiant.

Piché tremblait de peur et avait tout le mal du monde à le cacher. Avec son gros accent, il regarda son agresseur droit dans les yeux et lui cria :

– Mon gros tabarnac! *You're better to get out of here. If you ever touch me, I'm gonna the fuck kill you, you mother fucker!*

Il était prêt à se ruer sur lui tout en souhaitant ne pas avoir à en arriver là, car l'homme devait avoir le double de son poids. L'agresseur a quitté les lieux quelques secondes plus tard, sans doute surpris et – qui sait? – impressionné de voir enfin quelqu'un lui tenir tête. Bien plus que la menace physique, le mélange de détresse, de jurons québécois et de détermination dans la voix ont dû le faire fuir.

Piché n'était cependant pas au bout de ses peines. La menace de mort qui planait sur lui se précisait et il avait même remarqué, en dressant son inventaire, qu'un couteau avait disparu des cuisines. Son ami Royce Clinton est venu à sa rencontre, fébrile, surexcité.

– Quelqu'un veut ta peau. Il paraît qu'il va te piquer très prochainement. Donne-moi une heure et je te dirai de qui il s'agit.

Il est revenu quelques minutes plus tard et lui a confirmé qu'il s'agissait bel et bien de ce cuisinier qu'il détestait et qui le détestait, le même qui avait fait courir la menace quelque temps auparavant. Piché sentait l'angoisse l'étouffer. Pour une des rares fois dans sa vie, son cœur battait à vive allure et il avait du mal à déglutir tant sa bouche était sèche. Il ne savait absolument pas comment réagir. Il s'est tourné vers son ami avec, dans le regard, la détresse des noyés.

– Qu'est-ce que je fais?

– Tu dois aller te chercher un *chink* [couteau artisanal], toi aussi, pour être à armes égales.

– Un couteau? Je peux pas en sortir un de la cuisine sans me faire repérer.

– Va en chercher un chez Sam.

– Sam? Je ne connais pas de Sam. C'est qui?

– C'est le caïd de la place, le *king*. Apporte de l'argent. Ça va te coûter 25 $ pour cette arme.

Oh! Sam! Oui, Piché l'avait aperçu à trois ou quatre reprises. C'était le chef des Blancs, le patron des détenus, aussi le responsable de la buanderie, un poste convoité du fait que le travail était plus facile. Il s'était retrouvé derrière les barreaux après avoir tiré sur un policier, à bout portant, dans un stationnement. Il savait qu'il ne sortirait peut-être jamais de prison, alors il avait décidé de gravir les échelons dans cette microsociété.

N'ayant plus rien à perdre, Piché prit son courage à deux mains et se dirigea d'un pas incertain vers la cellule du fameux Sam. Il sonna, son petit punk vint répondre. De dos, on aurait juré une femme, il en avait même la cambrure. Sam avait le privilège de vivre avec son jeune amoureux. Quand il avait envie d'assouvir ses désirs, il disait aux autres : «Allez-vous-en! J'en ai pour dix minutes.» Il fermait alors la porte. Chassés de leur cellule, les autres détenus regardaient la télé pendant que Sam prenait son jeune punk. Drôle de vie, quand même… Son jeune partenaire était à ce point servile qu'il acceptait sans broncher de fouiller dans les excréments de Sam afin de trouver les sachets de drogue que son maître avait avalés lors des visites du dimanche.

Le jeune amant de Sam vint donc lui ouvrir.

– Je veux voir Sam.

– Malheureusement, il n'est pas disponible, répondit-il sèchement.

Sam, en bon «parrain», voulait tout contrôler. Il était agacé de savoir qu'il y avait un Canadien dans la place, un détenu qui parlait français et qu'il n'avait jamais eu l'occasion de le rencontrer. Il entendait parfois parler de ce Robert Piché, et ça l'intriguait. Il fallait qu'il rencontre ce «cas unique». Le pilote l'a alors entendu dire à son jeune compagnon : «Laisse-le entrer.»

Sam était étendu sur son lit. Avec sa panse immense, on aurait dit un béluga échoué sur une plage. Il avait le corps couvert de tatouages et, détail inoubliable, un nombril proéminent et hideux, vestige d'une grave erreur du médecin qui avait assisté sa mère à sa naissance. Il avait environ 35 ans, mais il ressemblait quand même à un gamin. Il avait une tenue de semaine, une casquette rouge, et une tenue de week-end, sa casquette noire de *gambler* qu'il ne mettait que pour jouer aux cartes. C'était un sensible qui avait le sourire aux lèvres et le cœur sur la main. Il était néanmoins capable du pire. Un beau jour, un nouveau prisonnier de race blanche a commencé à propager le bruit que Sam était le caïd parce qu'il était une sorte de délateur chargé de faire un rapport sur les autres détenus aux autorités carcérales. Sam n'a vraiment pas aimé. Il a attendu un mois et demi, le temps que le nouvel arrivant oublie son erreur. Puis il l'a fait venir dans sa cellule. Il a ensuite projeté l'homme au sol et l'a frappé de ses bottes de travail avec une telle violence et une telle frénésie que d'autres détenus sont venus les séparer. Il était en train de le tuer. Le jeune punk a ensuite patiemment épongé la mare de sang dans la cellule, et les gardiens ont transporté la victime de Sam à la clinique.

— Qu'est-ce que je peux faire pour toi? demanda-t-il à Piché.

— Je me cherche un *chink*.

— Qu'est-ce que tu veux faire avec ça? renchérit-il, bien qu'il sut de toute évidence la réponse.

— J'ai appris que quelqu'un voulait ma peau et je crois qu'il vaut mieux être à armes égales.

134

– Pourquoi viens-tu me voir? poursuivit-il, crâneur.

– On m'a dit que tu étais la personne à voir dans des occasions pareilles.

– Comme ça, tu penses que j'en ai un?

– Je pense pas, on m'a dit que tu pouvais m'en procurer un.

De toute évidence, il voulait mettre Piché à l'épreuve, le jauger.

– Si je t'en trouve un et que les *screws* l'apprennent, ils fouilleront ma cellule et s'ils trouvent ma drogue, je serai dans le pétrin. As-tu pensé à ça?

– Je vois pas pourquoi j'irais te dénoncer si tu m'aides.

Il réfléchit quelques instants. Puis il sourit et regarda Piché d'un air autoritaire.

– Je vais faire mieux que ça et ça ne te coûtera rien. Je ne te vends pas de couteau. Que tu sortes d'ici sera suffisant. Tout le monde va penser que t'en as un et tu pourras te promener tranquille, tu peux me faire confiance. Comme ça, il n'y aura pas de descente des gardiens, je te l'assure.

Piché sortit de la cellule de Sam à moitié rassuré, impressionné par sa rencontre avec l'autorité morale des détenus. Il raconta tout à son ami Clinton.

– Il n'y a plus qu'une chose à faire maintenant. Tu dois te rendre dans la cellule du cuisinier qui veut ta peau et l'affronter. Tu n'as pas le choix. Sinon, ils vont t'avoir, même s'ils croient que tu as un couteau.

Après y avoir songé quelques heures, Piché se résigna à suivre son conseil. Il demanda à son copain de l'accompagner, mais celui-ci refusa, l'assurant que, pour respecter la loi du milieu, il devait y aller seul.

Piché se dirigea alors vers la cellule de son assassin potentiel. Il sentait ses genoux trembler dans son pantalon mais se répétait qu'il fallait faire face à la musique, être confronté à ses ennemis, ainsi que le lui avait enseigné son défunt père. L'enjeu était énorme cette fois-ci.

Assis sur son lit, son adversaire était entouré d'une bonne dizaine de détenus. Il préparait son coup et se cherchait des alliés en tâchant de les convaincre. Piché rentra, ferma la porte derrière lui, sachant bien qu'elle se verrouillerait automatiquement. Avec une assurance trop belle pour être vraie, il montra du doigt le cuisinier et cria : «C'est lui que je viens voir.»

— Apparemment, tu fais courir la rumeur que tu veux me piquer ce soir. C'est le temps, je suis ici. Vas-y! Et tes amis sont là pour voir le spectacle.

La stratégie de l'attaque surprise, suggérée par son ami Royce, avait visiblement bien fonctionné. Plus il parlait, plus l'autre baissait les yeux, ébranlé et quelque peu humilié devant ses amis qui se dispersaient doucement.

— Non, non, non, je n'avais pas l'intention de te piquer, a-t-il bafouillé.

— Y a pas de «non, non, non». Si ça continue de même, tu vas perdre tous tes privilèges. Je veux plus jamais entendre parler de toi, sinon, dans la demi-heure qui suit, c'est toi qui vas te faire trouer la peau.

En terminant sa phrase, Piché avait toujours en tête qu'il lui faudrait trois secondes pour déverrouiller la porte. Il appuya alors sur le bouton tout en ne quittant pas des yeux son agresseur et il sortit, livide. Il n'a plus jamais eu de nouvelle de l'autre jusqu'à la fin de son séjour en prison.

Piché avait réussi encore une fois à s'en tirer. Il n'a subi aucune autre agression par la suite. Il lui fallait quand même être discret au sujet des derniers événements. Quand il est sorti de sa cellule après ces épisodes stressants, il savait d'instinct qu'il ne lui fallait surtout pas arborer un air triomphant : les gars n'auraient pas aimé le voir se pavaner. De toute évidence, il avait bien appris à manœuvrer dans ce monde et développé son instinct de survie, et c'est ce même instinct, aime-t-il à penser, qui l'a guidé quand il a réussi son exploit aux Açores.

Il a poursuivi son travail à la cuisine. Le repas de la *Thanksgiving* de novembre 1984 restera à jamais gravé dans sa mémoire. Pour cette fête importante dans le calendrier des Américains, les détenus avaient droit à de la dinde, au menu. C'était une obligation constitutionnelle; ils attendaient ce repas depuis des mois. Piché avait sous-estimé l'ampleur de l'organisation nécessaire pour que, le dimanche après-midi, les 800 prisonniers dégustent ce plat traditionnel. Il avait dû faire appel à des effectifs supplémentaires qui s'étaient mis au travail dès la nuit précédente. Quand il avait reçu la cinquantaine de grosses dindes, il avait senti qu'il perdait peu à peu le contrôle. Certains de ses employés se sauvaient avec des cuisses entières.

Quand les premiers détenus, affamés, ont envahi la cafétéria, peu avant midi, il a réalisé qu'il serait incapable de satisfaire tout son monde. Il croyait cependant avoir trouvé une solution pour limiter les dégâts : il y avait quelques kilos de dinde pressée au congélateur. Il en servirait à la centaine qui n'aurait pas de dinde fraîche, et le tour serait joué. « Si tu fais ça, tu vas causer une émeute », a prévenu un des cuisiniers.

Robert Piché avait connu, déjà à cette époque, plusieurs situations critiques dans sa vie, y compris des atterrissages périlleux qui auraient donné la frousse à la quasi-totalité des êtres humains. Mais cette histoire de dinde, aussi ridicule qu'elle puisse lui sembler aujourd'hui, lui donnait bien des soucis. Les préposés à la cuisine furent effectivement incapables de fournir à tous le véritable repas traditionnel de l'Action de grâce. Quand il ne resta plus que la dinde pressée, Piché se mit en retrait pour observer les serveurs.

Le premier détenu qui a cueilli son plateau a jeté un regard sur son assiette et lancé un retentissant : « *What the fuck is that?* » Il s'était fait dire par ses amis qu'il mangerait de la vraie dinde et ce n'est pas ce qu'il trouvait sur son plateau. Dans le monde « libre », ce genre d'incident est banal. Mais derrière les murs, tous ces détails prennent une importance démesurée. Vivre en prison, c'est toujours attendre quelque chose. Attendre une lettre, attendre la permission d'aller dans la cour intérieure, attendre d'avoir des vêtements propres, attendre une visite, attendre de prendre sa douche, attendre… Le client insatisfait a balancé son plateau dans la salle à manger. Il « attendait » sa dinde, disant : « J'ai beau être en prison. Je suis un Américain et à l'Action de grâce, j'ai le droit de manger de la dinde. » Il s'apprêtait peut-être à en savourer pour la première fois de sa vie et le chef des cuisines, un codétenu canadien, lui gâchait ce plaisir. Des gardiens l'ont maîtrisé, mais il était trop tard. L'émeute a éclaté et les assiettes volaient au-dessus des tables. Heureusement, personne n'a songé à faire un mauvais parti au patron.

Les tensions entre détenus de race noire et détenus de race blanche allaient en s'aggravant. Piché était bien l'un des seuls à n'avoir aucune once de racisme en lui. Des amis ont cependant fini par le convaincre qu'il n'était pas bon pour sa réputation de partager sa cellule avec trois *Blacks*. Il a décidé d'accélérer ses démarches pour être logé ailleurs. Il savait que le célèbre Sam avait une grande estime pour lui, surtout depuis qu'il avait osé faire face à son agresseur. Ce genre de coup d'éclat aide à se faire respecter dans ce milieu et donne des galons.

Piché avait surtout réalisé que pour survivre dans cette prison, il fallait être copain avec Sam. En qualité de gérant des cuisines, il lui consentait quelques faveurs. Il avait beau, certains soirs, servir des spaghettis aux 799 autres clients de la cafétéria, Sam avait le privilège de manger un excellent steak et il appréciait cette délicatesse. En échange, le pilote bénéficiait d'avantages à la buanderie, y compris le service à domicile. L'assistant venait chercher son linge et le lui livrait à sa cellule quelques heures plus tard, soigneusement pressé et plié.

Ainsi, Piché était confiant le jour où il a frappé à sa porte, peu de temps après avoir appris que l'un de ses compagnons de cellule était parti.

– Sam, j'aimerais bien déménager dans ta cellule. J'ai su qu'une place venait de s'ouvrir.

– Tu sais que la liste d'attente est longue. Il y a des gars qui attendent ça depuis des années.

– Je sais. Mais le billet de 100 $ que je t'ai offert l'autre jour, je l'ai encore et mon offre tient toujours.

– Donne ton nom à la direction, on verra bien, a-t-il dit avant de le congédier.

Comme si Piché ne savait pas que c'est bel et bien Sam, et non pas la direction, qui prenait ce genre de décision! Sa proposition était intéressée. C'était une question de survie. Vivre avec le chef des prisonniers lui assurerait une solide protection jusqu'à la fin de son séjour de cinq ans. Il n'y a pas un codétenu assez fou pour s'attaquer à un colocataire de Sam, le braver revenait à signer son arrêt de mort. Le haut niveau d'éveil situationnel de Robert Piché ne le sert pas que dans le cockpit d'un avion.

Sam a acquiescé à sa demande et il s'est donc retrouvé dans sa cellule. Il s'y sentait bien à l'abri, mais ne dormait toujours que d'un œil.

Au fil des mois, le détenu Piché avait décidé de faire en sorte que ce séjour en prison soit le moins désagréable possible et il y parvenait assez bien. Il avait découvert l'existence d'un petit groupe sélect de détenus que l'on appelait le «Club des Sept». Les membres se réunissaient le jeudi de 13 h 30 à 15 h 30, dans une salle privée, à l'abri des regards. Peu de gens savaient ce qui s'y tramait. Il s'agissait d'un petit groupe de prisonniers privilégiés. Ils étaient les «intellectuels» de la place. En étaient membres des universitaires ou des professionnels, des criminels de circonstance qui s'étaient retrouvés derrière les barreaux bien malgré eux et qui avaient l'intention d'en sortir le plus tôt possible. Il y avait, par exemple, un crac d'informatique qui s'était fait prendre dans une affaire de drogue. Une civile attitrée à la réhabilitation avait mis sur pied ce club et Robert Piché croyait avoir le profil idéal pour le joindre. C'était le cas et on l'y a accepté. Il y avait une longue liste d'attente qu'il a réussi, encore une fois, à court-circuiter.

Être membre de ce groupe offrait de nombreux avantages dont celui d'être bien vu à la fois par les dirigeants de la prison et par la population carcérale. Les membres du «Club des Sept» marchaient la tête haute à la cafétéria. Ils avaient un statut social particulier : ils étaient les «intellectuels» et bénéficiaient du coup d'une sorte d'immunité. Tout le monde, en particulier les centaines d'analphabètes, les respectait parce que tous pouvaient tirer avantage de leurs conseils. La réunion du jeudi n'était en somme qu'une longue discussion. Chacun racontait son histoire. Piché leur faisait découvrir le Québec et le Canada, leur racontait ses souvenirs de pilote d'avion. Les membres du groupe étaient fascinés, surtout par ses récits d'atterrissages périlleux en Gaspésie et dans le Nord québécois.

Piché était heureux, dans la mesure où un homme enfermé derrière les barreaux peut être heureux, mais il arrivait toujours mal à supporter la folie des week-ends, quand les prisonniers étaient laissés à eux-mêmes. Il a tout connu, sauf des meurtres. Il a vu un codétenu se faire agresser sexuellement à un point tel qu'il ne pouvait plus marcher. Il en a vu d'autres se déguiser en femme et se livrer en pâture pour avoir de la drogue ou de la bagosse (alcool frelaté). Il n'y avait pas moyen de dormir durant ces deux jours. Surtout quand de la cocaïne entrait dans la place. Cela arrivait souvent après une partie de soft-ball. Certains gardiens fermaient les yeux quand le prisonnier préposé au nettoyage ramassait les balles éparpillées avant même que la partie commence. Les balles avaient de toute évidence été lancées par dessus la clôture pendant la nuit. Certains gardiens fermaient les yeux même s'ils se doutaient bien que certaines d'entres-elles étaient bourrées de drogue.

Le samedi soir, Robert Piché participait à des séances de lecture de la Bible avec un couple de pasteurs. Le dimanche, il assistait à la cérémonie religieuse. Il trouvait un réconfort dans la prière, cela lui venait de sa mère. En fermant les yeux, il se voyait enfant, sur le prie-Dieu de l'église de Mont-Joli.

Un beau jour, la femme du pasteur a entrepris de monter une pièce de théâtre avec des détenus. Quand elle a cherché des comédiens, Piché s'est porté volontaire. Il n'avait aucune expérience, sinon ce rôle tenu dans *Autopatrouille* dix ans plus tôt, mais il était prêt à se lancer dans une nouvelle aventure. La pièce mettait en scène Sherlock Holmes et le Dr Watson, célèbres personnages imaginés par Conan Doyle.

Il y tenait un rôle mineur, mais s'était néanmoins lancé à corps perdu dans l'expérience et apprenait son texte religieusement. Soudain, catastrophe! le compagnon qui interprétait Sherlock Holmes se fait mettre dans le «trou», à trois semaines de la représentation. Ce genre de pépin a peu de chance de survenir au TNM, mais quand on prend le risque de faire du théâtre derrière les barreaux, tout peut survenir.

Qu'à cela ne tienne, Piché a proposé au metteur en scène de jouer lui-même ce premier rôle. On ne pouvait pas faire ça aux gars : annuler le spectacle à trois semaines d'avis. Il a commencé tout de suite à apprendre son nouveau texte. Il était crevé et préoccupé, ce soir-là, quand il est rentré dans sa cellule. Sam était étendu sur son lit.

— Sam, j'ai besoin de ton aide.

Il s'est levé d'un bond, intéressé. Il a sûrement pensé que Piché lui apportait un nouveau

(Photo : Wilton Rhoden, The Tattnall Journal)

Le bimoteur Piper Aztec que pilotait Robert Piché quand il a été arrêté en 1983 par le trooper Billy Smith.

(Photo : Agence France-Presse)

En tant que commandant de bord, Robert Piché a été le dernier à glisser dans l'un des toboggans déployés pour l'évacuation des passagers et de l'équipage.

(Photo : Le Journal de Montréal)

Les pneus de l'Airbus ont éclaté peu après l'atterrissage. « L'avion a les roues carrées ! » s'est exclamé Robert Piché une fois sur le tarmac.

*À Terceira, la première photo du commandant
Robert Piché après qu'il eut fait atterrir
l'Airbus A-330 d'Air Transat.*

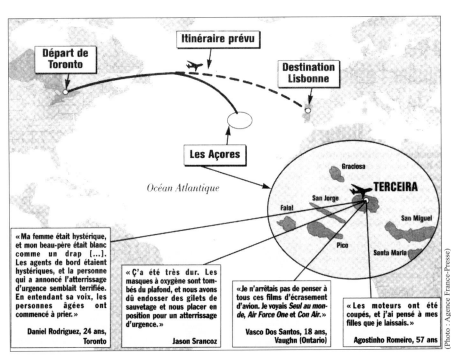

Itinéraire prévu

Départ de Toronto

Destination Lisbonne

Les Açores

Océan Atlantique

Graciosa

TERCEIRA

San Jorge

Faial

San Miguel

Pico

Santa Maria

« Ma femme était hystérique, et mon beau-père était blanc comme un drap [...]. Les agents de bord étaient hystériques, et la personne qui a annoncé l'atterrissage d'urgence semblait terrifiée. En entendant sa voix, les personnes âgées ont commencé à prier. »

Daniel Rodriguez, 24 ans, Toronto

« Ç'a été très dur. Les masques à oxygène sont tombés du plafond, et nous avons dû endosser des gilets de sauvetage et nous placer en position pour un atterrissage d'urgence. »

Jason Srancoz

« Je n'arrêtais pas de penser à tous ces films d'écrasement d'avion. Je voyais *Seul au monde*, *Air Force One* et *Con Air*. »

Vasco Dos Santos, 18 ans, Vaughn (Ontario)

« Les moteurs ont été coupés, et j'ai pensé à mes filles que je laissais. »

Agostinho Romeiro, 57 ans

*L'itinéraire de l'Airbus A-330 piloté par Robert Piché et
son détournement vers les Açores.*

Ghislain Fiola, maire de Mont-Joli, remet à Robert Piché une plaque fabriquée par l'artisan Yves Desrosiers qui le consacre Premier Grand Mont-Jolien.

Le grand bonheur d'Estelle lors de la soirée à Mont-Joli au cours de laquelle on a rendu hommage à son fils Robert.

Robert reçoit un cadeau de l'escadron 736 des Cadets de l'air de Mont-Joli.

Le lendemain de la soirée-hommage à Mont-Joli, le père Cimon a officié une messe en l'honneur de son cher Robert à l'église Notre-Dame-de-Lourdes et 1 000 personnes y assistaient. Leur héros, qui a été servant de messe pour l'occasion, reçoit ici un souvenir de la paroisse des mains du père Cimon.

La fête mémorable à Mont-Joli. Robert Piché en compagnie de sa mère, Estelle, de sa sœur Lucie ainsi que de ses frères Pierre et Alain.

Washington, le 22 août 2002. Robert Piché, un homme heureux en compagnie de son épouse Régine lors de la soirée où l'Air Line Pilot Association (ALPA) lui a décerné ainsi qu'à son copilote son prix annuel pour leur exploit aux Açores : le Superior Airmanship Award.

À la remise du prix prestigieux décerné par l'ALPA, qui compte plus de 66 000 pilotes de 43 compagnies aériennes du Canada et des États-Unis, Paul-André, le fils du commandant Robert Piché, est très fier de son papa.

Tous les proches du commandant Piché étaient à ses côtés à Washington pour l'événement de la remise du prix. Robert, tout sourire, pose avec sa fille aînée, Geneviève.

Au milieu, se réjouissant avec Robert, le copilote Dick De Jager également honoré à Washington. À droite, le beau-frère du commandant Piché, Simon, l'époux de sa sœur Lucie, qui a été le premier de la famille à être informé de l'atterrissage d'urgence aux Açores.

Une caricature qui illustre bien l'après-manchette assassine des journaux québécois où le héros national a été déboulonné.

*Un des trois panneaux à Mont-Joli qui témoigne de la fierté
de ceux qui y vivent à l'égard de Robert Piché.*

*Robert Piché a reçu des centaines de lettres depuis son exploit
et certaines se sont malgré tout rendues à destination malgré
des adresses cocasses. Celle-ci est à l'attention du
« Héroïque Pilote Air Transat » avec mention de faire suivre…*

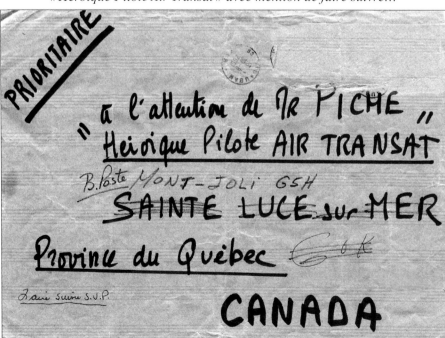

gadget – ce dont il raffolait – ou encore qu'il lui demanderait conseil pour punir un détenu fautif. Il salivait comme Obélix devant un Romain.

– Sam, il faut que tu m'aides à répéter mon texte. Tu feras Watson et je serai Holmes. Tu ne monteras pas sur scène. Je veux seulement que tu me permettes d'apprendre les dialogues.

Le chef des détenus a longuement hésité. Puis il a accepté en bougonnant, imposant toutefois des conditions fermes.

– Bon, d'accord. Tu fermes les portes et les fenêtres, il ne faut pas que l'on entende ce qui se dira ici. Tu ne parles de ça à personne. J'aurais l'air de quoi si ça se savait ? Je ferais rire de moi.

Le redoutable Sam lui a donc donné la réplique, dans leur cellule, soir après soir, durant trois semaines. Le jour de la représentation, le caïd prenait place dans la première rangée à l'avant. On pouvait lire les dialogues sur ses lèvres : il connaissait les répliques par cœur ! Ils en ont ri ensemble longtemps après le spectacle.

Toujours en poste aux cuisines, Piché a appris, en ouvrant le courrier, la tenue d'un concours entre les diverses institutions carcérales de la Géorgie. Ce concours consistait à soumettre les menus d'une semaine avec le meilleur rapport qualité-prix. Sans en parler à personne, Piché a décidé d'y participer pour son propre plaisir. Quelques semaines plus tard, alors qu'il n'y pensait plus, le directeur de la prison débarqua à la cuisine, suivi de ses adjoints, pour féliciter les employés parce qu'ils venaient de remporter le premier prix, avec un coût moyen par repas de 1,16 $ US.

Peu de temps après, son nouveau superviseur «civil» lui fut présenté. C'était un petit homme qui arrivait d'une prison de 180 détenus et semblait dépassé devant l'ampleur de la tâche qui l'attendait. Piché était empressé de le rassurer en lui disant qu'il assumait l'intérim depuis quatre mois et que tout était sous contrôle.

Quelques jours plus tard, un des chefs cuisiniers, imposant par sa corpulence, fit irruption dans le bureau et planta son couteau de boucher droit devant le superviseur, sans dire un mot, avec un regard d'illuminé. Le superviseur était pétrifié sur sa chaise. Également sous l'effet de la surprise, Robert Piché a réagi promptement et dit au détenu, le toisant :

— *What the fuck is your problem?*
— *You know what's my problem...*

Sans connaître le motif de cette intrusion, Piché pensa très vite et lui répondit :

— *Don't worry. You'll get everything as usual.*

Le cuisinier ramassa son couteau, se retourna et quitta les lieux. Gros mangeur, l'homme craignait que l'arrivée d'un nouveau superviseur signifie la fin de ses privilèges.

Piché retourna à son poste de travail comme si rien ne s'était passé. Le superviseur tremblait de tous ses membres et attendait un signe quelconque de la part de Piché. Ce dernier n'oubliait jamais qu'il était avant tout un détenu et savait bien qu'en vertu de la loi du milieu, il n'était pas question de sympathiser avec un civil. Tous les autres employés avaient surveillé la scène, attendant la réaction du nouveau patron.

Plus tard dans l'après-midi, dans un temps mort entre deux repas, le nouveau venu a remercié Piché de sa réaction et ce dernier lui a fait comprendre l'origine de l'incident. À partir de ce moment, une complicité s'est installée entre les deux hommes.

Les gardiens étaient en règle générale bien acceptés des détenus, à une exception près. Il y en avait un parmi eux qui était détesté de la plupart des prisonniers, y compris de Piché. Ce gardien, un bel après-midi, est entré cavalièrement dans les cuisines. Piché et un assistant y bavardaient autour d'un café, tandis que le superviseur assistait à une réunion du conseil d'administration. « Sortez d'ici ! Vous n'êtes pas censés être ici à cette heure du jour », a dit le gardien. Piché n'a ni bougé ni bronché. « On ne sortira pas d'ici, mêle-toi de ce qui te regarde et laisse-nous en paix. Si jamais il y a une émeute, sais-tu que t'es le premier à tomber ? » a-t-il répondu. Le gardien s'est retourné, furieux, et a quitté les lieux. Piché ne réalisait pas qu'il avait outrepassé la fine ligne de son pouvoir.

Le lendemain, une des rares femmes employées des cuisines, Miss C., a demandé à Piché de l'accompagner dans le garde-manger, le temps de dresser l'inventaire du sucre si recherché pour la fabrication de la bagosse. À sa grande surprise, elle a refermé la porte derrière eux, sachant bien qu'un civil ne peut jamais se retrouver seul dans un endroit clos avec un prisonnier.

Elle s'est peu attardée sur le sucre. Ils sont ressortis dans les minutes qui ont suivi. De retour à son poste de travail, Piché se posait des questions sur le comportement de Miss C. Il a obtenu la réponse très vite. Presque immédiatement, le gardien détesté de tous, celui que Piché avait nonchalamment expulsé la veille, est venu à sa rencontre dans les cuisines, la matraque à la main, l'air triomphant. «Nous avons reçu une plainte d'agression sexuelle et je suis venu t'arrêter», a dit le gardien en lui passant les menottes. Piché a compris du coup qu'il était victime d'une vengeance, d'un complot fomenté par le gardien et Miss C. Il n'avait évidemment fait aucune avance, ni agressé la gardienne. Cette femme affichait constamment un air sévère et, avec ses cheveux ras, sa carrure et ses traits masculins, elle ne s'en laissait pas imposer et aucun homme ne songeait à lui faire une quelconque avance.

Les événements se bousculaient. À voir le regard des autres détenus, Piché a compris qu'il se dirigeait vers le «trou» et que ce serait sa fête.

Le hasard a heureusement voulu qu'en chemin Piché croise le lieutenant, le supérieur des gardiens. Personne n'osait lui parler. Même Piché ne l'avait jamais fait.

En passant près de lui, Piché a saisi cette dernière chance. Il lui a fait comprendre qu'il était victime d'une injustice, d'un coup monté, qu'il subissait la revanche d'un *screw*. Il fallait être clair, précis et convaincant, sinon, c'était le trou. Son plaidoyer a porté fruit : il a évité la cellule de réclusion.

Il a eu ordre de retourner à sa cellule, en attendant la suite des événements. Le lendemain, il a appris qu'il ne travaillerait plus aux cuisines. Le patron des gardiens savait qu'il avait une conduite exemplaire depuis le début de son incarcération et que cette histoire d'agression sexuelle ne tenait pas la route. Aujourd'hui, Piché en déduit que le lieutenant avait eu vent de sa libération prochaine.

À partir de ce moment, Piché a été affecté à l'emploi le plus convoité par les prisonniers : il devenait préposé à l'entretien des bureaux administratifs. Ce boulot, au milieu de «civils», offrait d'immenses privilèges, dont celui de côtoyer des femmes. C'était souvent la dernière étape à franchir avant la sortie de prison…

Piché avait demandé et reçu, à cette même époque, la visite de son frère Alain et de son épouse Denise. Ils étaient allés plaider sa cause à Atlanta devant le Comité de libération sur parole. Ils avaient déposé à cette instance une dizaine de lettres signées par des notables de Mont-Joli – le maire, le curé de la paroisse, etc. – destinées, espérait-il, à accélérer sa libération. Piché avait même eu l'audace de demander à son frère de lui passer en douce de l'encre de couleur pour le prochain tatouage de Sam, qui en avait assez du bleu…

7

La liberté retrouvée

Les détenus de la Coastal State Prison de
Tattnall n'étaient pas informés longtemps à
l'avance de leur libération prochaine. Pourquoi?
Simple à comprendre, avait expliqué à Piché un
compagnon de cellule : «S'ils te préviennent un
mois avant la date fixée et que tu laisses la
nouvelle se répandre dans la prison, alors sois
certain que les jaloux qui t'en veulent vont
s'arranger pour que tu ne partes pas. Ils embau-
cheront simplement un jeune qui sautera sur toi
avec un couteau, en simulant que c'est toi qui
l'as attaqué et portera plainte. Il y a de bonnes
chances que tu écopes d'une nouvelle sentence
de quelques années, et le tour est joué…»
Voilà pourquoi le pilote n'a appris la nouvelle
que la veille de sa libération. Le 19 mars 1985,
il a été convoqué par les dirigeants de la prison
qui lui ont annoncé sa sortie à 10 h, le lendemain

matin. Bien conscient d'avoir eu une conduite exemplaire depuis les premiers jours de son incarcération, sa surprise a été totale. Depuis 16 mois qu'il était sur le qui-vive, que ses sens étaient à 100 % en éveil pour survivre à cette jungle, qu'il ne dormait que d'un seul œil, il pourrait bientôt baisser la garde. Il se réjouissait avant tout d'avoir traversé cette longue période de réclusion sans devenir fou.

Il croyait sincèrement devoir purger jusqu'à la fin sa peine de cinq ans. Le soir, dans la cellule qu'ils partageaient, Sam a bien vu que Robert Piché pliait bagage. Pendant toute la nuit, il n'a pas dit un mot, trop ému pour parler, trop orgueilleux aussi pour laisser son ami le voir dans un moment de faiblesse. Peu avant 10 h, le 20 mars, Piché l'a salué et s'est dirigé vers les bureaux de l'administration.

Des gardiens lui ont remis une chemise brune et un pantalon bleu et il s'est empressé de se défaire de l'uniforme de prisonnier qu'il portait jour après jour depuis 16 mois. Il a ramassé tous ses effets personnels, dont une ceinture faite de la main de Sam et que ce dernier lui avait offerte. Sa fille Geneviève la porte encore aujourd'hui.

En sortant du bureau de la direction, il était entouré de sept ou huit gardiens. En jetant un dernier regard sur la prison, il a vu la file des détenus qui se rendaient à la cafétéria, passer tout près de lui. Comme seul il pouvait se le permettre, Sam est sorti du rang et les gardiens ne l'ont pas arrêté. N'importe quel autre prisonnier aurait été stoppé. Il a gravi la trentaine de marches et est allé à la rencontre de Piché. En prenant bien soin de tourner le dos aux gars, Sam lui a donné une bonne poignée de main et l'a serré très fort dans ses bras. Il perdait quelqu'un de cher. Tout heureux de partir, le Québécois était touché par cet au revoir. Pendant un bref instant, il s'est senti presque coupable d'abandonner ses copains, comme un malade guéri quitte l'hôpital et sait que ses voisins de chambre ne s'en sortiront pas.

– Bob, t'es un bon gars. Tu m'as appris beaucoup de choses. Tu vas me manquer.

Il a donné une tape sur l'épaule de Piché, puis il s'est brusquement ressaisi, a séché la larme qui coulait sur sa joue et est redevenu son personnage de Sam. Les deux hommes ne se sont jamais revus. Piché a appris récemment, en fouillant sur Internet, que Sam avait été libéré en avril 2001.

Le soir, avant de s'endormir, Piché imaginait souvent ce jour où il quitterait enfin la prison. Il voyait un moment grandiose, solennel, chargé d'émotions. Pourtant, quand cette heure est arrivée, il n'y avait rien d'impressionnant, rien d'émotif. Cela s'est fait tout naturellement, sans effusion. La porte s'est ouverte, il était libre, un membre du personnel l'a conduit à l'aéroport de Savannah. Il l'a laissé seul après lui avoir expliqué qu'il prendrait un vol pour Atlanta et que, rendu là, il comparaîtrait devant un juge de l'Immigration, une formalité. De toute façon, avait-il ajouté, quelqu'un l'attendrait à l'aéroport d'Atlanta et prendrait soin de lui.

Piché est monté dans l'avion, parmi les passagers d'un vol commercial. Il avait envie de crier aux autres passagers : «Savez-vous d'où j'arrive? Savez-vous que je sors de prison? Savez-vous la chance que vous avez d'être libres?» C'est fou ce que la mémoire peut être sélective et précise, parfois, et s'accroche à des détails sans importance. Il se souvient ainsi que son voisin lisait la biographie de Lee Iaccoca, alors grand patron de Chrysler.

Quand une hôtesse de l'air l'a abordé, il était surpris qu'elle le considère comme les autres passagers. Il n'avait pas vu une femme en chair et en os depuis 15 mois, hormis quelques employées du pénitencier.

«*Something to drink?*» a dit l'agent de bord, en s'approchant assez pour qu'il puisse humer son parfum. *Something to drink?* Il aurait bu trois bouteilles de champagne! Durant tout le vol, il la fixait du regard.

Il n'arrivait pas à croire qu'il serait à Montréal quelques heures plus tard et pour se calmer, il se répétait que tout cela était trop beau et que quelque chose allait sûrement le retarder. Comme de fait, d'autres embûches l'attendaient.

Sitôt débarqué à l'aéroport d'Atlanta, une femme en uniforme, agente de la police de l'Immigration, lui a passé les menottes et l'a conduit dans un fourgon. Il avait l'impression de revivre le cauchemar de sa première arrestation. Inquiet, il a interrogé la gardienne durant son transport entre l'aéroport et les bureaux de l'Immigration et elle a accepté de lui donner un aperçu de ce qui allait suivre.

– Vous irez d'abord rencontrer un agent pour connaître votre statut. Demain, vous passerez devant le juge qui contrôlera si vous pouvez quitter le pays en toute légalité.

Le soir même, le pilote fut conduit devant un fonctionnaire de l'Immigration. L'homme était seul dans son bureau, il était environ 19 h, et Piché flairait le piège. Depuis la prison, il se méfiait des gens, voyait des complots partout, parfois à tort, mais souvent à raison. L'homme devant lui sentait le fonctionnaire corrompu à plein nez et supposait probablement que Piché était bourré de fric puisqu'il avait été impliqué dans une affaire de transport de drogue. L'homme brassait ses papiers, rajustait sans cesse ses besicles, lui parlait sans le regarder dans les yeux.

– Robert Piché, pilote, libéré pour bonne conduite. Vous voulez retourner à Montréal ce soir?

– J'en rêve, monsieur.

– Pas de problème. Vous devrez par contre acquitter tout de suite, ici même, des frais de 5 000 $, comptant. Vous n'aurez ainsi pas à passer devant le juge. Après, vous serez un homme libre.

Piché était furieux et il a refusé de verser la somme exigée, menaçant le fonctionnaire de porter plainte à l'ambassade du Canada et de le dénoncer publiquement. Il était tellement outré qu'il aimait mieux demeurer derrière les barreaux que de perdre la face devant ce gratte-papier corrompu.

Arrivé à la prison de l'Immigration, il a dû revêtir de nouveau l'uniforme de prisonnier. Ils étaient une cinquantaine, entassés dans le *drunk tank* en attente de l'assignation de leur cellule pour la nuit. Piché demeurait relativement serein, car il avait désormais une bonne expérience de l'univers carcéral et de la lourdeur de la procédure judiciaire. Ce n'était manifestement pas le cas pour ce petit Libanais coincé là, à ses côtés, pour un mariage blanc. Sosie parfait de Louis de Funès, il criait, chaque fois qu'un agent se pointait : «*What about me? What about me?*»

L'homme se voyait pris là pour 20 ans et Piché

souriait de le voir si nerveux. Cela lui rappelait certains souvenirs de ses propres inquiétudes du tout début.

Le lendemain, le même fonctionnaire l'a amené devant un juge de l'Immigration. En rentrant à la Cour, Piché a demandé qu'on lui retire ses menottes.

Avant même que l'audience ne débute, il se leva, fixa le magistrat et se mit à parler d'un ton déterminé.

– Monsieur le juge, j'ai quelque chose à vous dire avant que vous vous assoyiez. J'ai un passe-port valide, je suis rentré légalement aux États-Unis, j'ai purgé ma peine. Or, le petit fonc-tionnaire de l'Immigration que vous voyez là a voulu me faire payer 5 000 $ pour que je puisse retourner à Montréal hier soir. J'aimerais bien savoir en vertu de quel droit ou de quelle loi il agit. Est-ce la procédure habituelle? Je crois que je suis victime d'une arnaque.

Le juge l'a interrompu au beau milieu de son laïus et a demandé au fonctionnaire de corro-borer. C'était vrai, et il ne pouvait le nier devant la Cour. S'en est suivi un long échange au terme duquel le juge a dit : «OK, monsieur Piché, vous allez prendre l'avion ce soir.»

Finalement, on lui a réservé un siège sur un vol commercial à destination de Montréal. Robert Piché voyageait complètement seul, éprouvant un curieux mélange de soulagement et d'anxiété. À Philadelphie, où il a fait escale, deux policiers de l'Immigration sont venus s'assurer qu'il demeurait à bord. Ils étaient souriants, détendus, affables, mais néanmoins prêts à intervenir au besoin. Piché était fébrile à l'idée de traverser la douane à Dorval et redoutait un nouvel épisode kafkaïen. Qu'allait-il déclarer? Il a choisi de dire la vérité, simplement, de jouer franc-jeu, attaquer les problèmes de front. Cela a toujours été son leitmotiv. Il s'est présenté devant le préposé aux douanes la tête haute et la démarche assurée.

– Depuis combien de temps êtes-vous parti?

– Quinze mois.

– Qu'est-ce que vous avez fait aux États-Unis?

– J'étais en prison, dans l'État de la Géorgie, pour trafic de marijuana. Je viens d'être libéré.

Du coup, il a vu le visage du douanier se transformer. Puis les agents de la GRC sont arrivés précipitamment. Ils ont conduit Piché dans le bureau de l'Immigration.

– Nous ferons une enquête, pour nous assurer qu'il n'y a pas de mandat contre vous ici, a dit le policier.

Piché n'en pouvait plus de ce cauchemar.

– Vous voyez la pancarte où il est écrit «Exit»? Dans deux minutes, je sors. Alors, faites vite! répliqua Piché, excédé.

Quelques instants après, il obtenait enfin la permission de sortir. Sa mère l'attendait à l'aéroport de Dorval, flanquée de son frère aîné, Pierre, avec son épouse, Madeleine.

Ils se sont embrassés, sans trop d'effusion, puis ils sont partis vers Québec, où habitait son frère. Il était déjà minuit, en ce soir frisquet de mars 1985. Robert s'est assis sur la banquette arrière, avec sa mère. Heureuse de retrouver son fils mais épuisée par le trop-plein d'émotions, elle pleurait doucement. Il la consolait en la prenant dans ses bras :

– T'en fais pas comme ça, Estelle. C'est le plus beau jour de ma vie.

Ils sont rentrés tard dans la nuit. Le lendemain, à son réveil, Piché a trouvé les quelques dollars que son frère lui avait prêtés pour qu'il puisse s'acheter des vêtements, car il n'avait plus de garde-robe. Il s'est rendu à la Place Laurier, à Sainte-Foy, un gigantesque centre commercial. En y mettant les pieds, il a réalisé d'un coup qu'il était désormais un homme libre. Il avait l'impression de débarquer sur une autre planète, comme s'il avait tout oublié de la vie des gens libres.

Le centre d'achats était bondé, ça bougeait à gauche et à droite, comme des fourmis. Il voyait des femmes, de belles femmes, partout, et cette vision l'enchantait. Il était libre de s'arrêter sur un banc et de regarder passer tous ces gens heureux, enfants ou vieillards, qui déambulaient, il était libre de faire un détour par un bar et de boire un verre. Quand il a mis les pieds dans une boutique de vêtements, il a été comblé rien qu'à regarder la jeune vendeuse venue à sa rencontre.

De retour à la maison de son frère, dans l'après-midi, le téléphone a sonné et il a décroché le récepteur. La personne au bout du fil ne parlait pas. C'était Denise, celle qui était venue le voir en prison, celle qu'il avait tant aimée. Elle n'avait pas eu vent de sa libération et ne cherchait en fait qu'à joindre son frère Pierre pour avoir des nouvelles de Robert. Ils se sont donné rendez-vous à Montréal, quelques jours plus tard. Le lendemain, Robert Piché s'est rendu à Gaspé pour revoir sa fillette, Geneviève, qui y vivait avec sa mère. Tout le temps, lorsqu'il était en prison et qu'il écrivait à sa sœur Lucie, sa plus grande crainte était que Geneviève l'oublie. Il a été vite rassuré. La petite a sauté dans les bras de son père, ravie de le revoir.

Comme tous les autres détenus, Piché s'accrochait à ceux et celles qui l'aimait, il souhaitait qu'on ne l'oublie pas et attendait des lettres. Même avec deux mots, il était comblé. Denise lui écrivait régulièrement. Dans sa dernière lettre, elle lui avait expliqué qu'elle le quittait. Il avait compris que ni elle ni les autres ne pouvaient l'attendre indéfiniment, et qu'à l'extérieur, la vie continuait. Il s'était résigné en se disant que l'éloignement de son entourage faisait partie de la sentence.

Il a sonné à la porte de l'appartement de Denise, rue Henri-Bourassa, dans le nord de la ville, et en se voyant tous deux ont eu un choc. Il faisait 10 kilos de moins qu'à son départ, avait le teint bronzé d'un vacancier et les muscles d'un athlète, fruits de ses séances d'entraînement quotidiennes. Ils se sont offert un repas en tête à tête au restaurant *La Vieille École*, son premier vrai repas depuis deux ans. Il a commandé du veau parmesan, des pâtes et une bouteille de vin blanc. Il n'a toutefois pas été capable de manger, ni de boire le vin. Il avait l'estomac noué, probablement parce qu'il était trop ému, revenait de trop loin. Ils ont passé la nuit ensemble et, peu de temps après, ils se remettaient en ménage.

Le commandant Piché s'est présenté à la Canadian Airline Pilots Association (CALPA), en quelque sorte le syndicat des pilotes de l'époque. Quand il était parti pour la Jamaïque, il était sous le coup d'une mise à pied depuis un an avec droit de rappel pour cinq ans. Or les affaires reprenaient et la compagnie Québécair avait commencé à rappeler les anciens en novembre 1984. Ils avaient cherché en vain à contacter Robert Piché. Il était à ce moment-là en prison et ils avaient soutenu qu'ils ne disposaient pas d'une autre adresse pour le joindre. Malgré le grief déposé en son nom par son frère Alain, il a su ce matin-là que c'était peine perdue. Le pilote eut beau retenir les services d'un avocat spécialisé en droit du travail : rien n'y fit. Il a dû faire une croix sur Québécair.

Robert Piché était donc sans emploi, dans la force de l'âge. Il avait 33 ans. Dans ces heures creuses, il continuait d'entretenir sa forme physique, comme pour s'empêcher de sombrer. Il jouait régulièrement au racquetball au club Côte-de-Liesse. Il s'y est tissé un cercle d'amis, de sorte qu'il s'est fait embaucher comme tenancier du bar qui jouxtait les courts et comme serveur au petit restaurant attenant à la piscine. Il était à mille lieues de l'aviation, mais cela l'encourageait de recommencer à gagner sa vie.

Quelques années plus tard, Kevin, le patron des lieux, lui a confié qu'il s'était demandé comment un pilote d'avion pouvait-il se retrouver serveur dans un club sportif...

8

Dans la jungle de la ville

Enivré par cette liberté dont il savourait chaque seconde depuis qu'il avait franchi les portes du pénitencier, Robert Piché sortait de plus en plus souvent dans les bars du centre-ville de Montréal. Il était un habitué du *Salon des Cent*, un bar branché du Quartier Latin, situé rue Saint-Denis et Émery, face au Théâtre Saint-Denis. Un soir d'août, la place a été envahie par une horde de cégépiens fêtards. Le personnel ne suffisait plus à la tâche et le patron a demandé à Piché de lui prêter main-forte. À partir de ce jour, il est devenu barman à temps partiel au *Salon des Cent*. Peu de temps après, il en faisait son seul emploi et abandonnait ses fonctions au club de tennis Côte-de-Liesse.

Ce fut carrément pour Robert Piché le début d'un an et demi de débauche. Ses amis et lui commençaient leurs «journées de travail» vers 22 h et bossaient jusqu'à 3 h avant de terminer dans des bars clandestins jusqu'à 7 h ou 8 h du matin. Il rentrait se coucher vers 8 h ou 9 h. Séducteur aguerri, il ne vivait que pour la recherche du grand frisson, du *buzz* comme il disait. Il faisait partie d'un cercle de jeunes adultes, beaux et assez riches, souvent des professionnels et des artistes, qui partageaient tous le même mode de vie, dans les bars branchés de la rue Saint-Denis ou de la rue Prince-Arthur. Certains y ont laissé leur peau. Piché remercie encore le Ciel de lui avoir donné la santé pour survivre à ce train de vie démentiel. Parfois, il pouvait rester quatre jours sans dormir. Il avait longtemps rêvé de vivre à fond l'expérience du Montréal nocturne, de tout connaître de cette jungle, et il y allait à fond. Il avait besoin de ces excès de liberté, croyait-il à l'époque, pour se remettre en piste et il pensait y avoir droit après les années d'enfer qu'il avait connues en prison. Il gagnait 1 500 $ par semaine. Il baignait dans un univers de femmes, d'alcool et de drogue. Il vivait intensément, sans penser au lendemain. Son séjour en prison lui avait laissé une sorte de sentiment d'invulnérabilité. Il n'avait peur de rien et allait au bout de ses désirs. Un souvenir, parmi tant d'autres, lui est resté. Un lundi soir, quatre filles étaient venues au *Salon des Cent* pour fêter l'anniversaire d'une d'entre elles.

Quelques heures plus tard, elles s'étaient retrouvées, avec lui et trois de ses copains, dans
le bureau du gérant, pour une partouze mémorable.

Il vivait en quelque sorte dans le brouillard,
tout en demeurant assez lucide pour ne pas
oublier que ce n'était pas nécessairement le
chemin à suivre. Un soir de fête, il déambulait,
rue Sainte-Catherine, avec un de ses amis. Un
homme d'affaires, propre et cravaté, mais pas-
sablement éméché, les a abordés.

— Heille, les gars, est-ce que je peux me
joindre à vous pour finir la soirée? Vous avez
l'air d'avoir un méchant plaisir!

La réponse de Piché l'a complètement désarçonné. C'est comme si le pilote avait senti que
ce banlieusard n'était pas vraiment à sa place
dans cet univers. Il s'est montré cinglant :

— Pas question que tu te joignes à nous, mon
vieux. Si je peux te donner un conseil, retourne
chez toi rejoindre ta femme et tes enfants.

Sonné, l'homme, du coup, a presque dégrisé,
s'est retourné et est reparti.

Une autre fois, un ami pilier de bars a sonné
à sa porte vers 5 h du matin. Piché, qui profitait
d'une rare journée de congé, dormait depuis
longtemps. Ce collègue du *Salon des Cent* frap-
pait désespérément à sa porte. En lui ouvrant, il
l'a découvert, tremblant, surexcité, essoufflé.

– Bob, dis-moi où je pourrais trouver un gramme de coke, j'en ai besoin.

La réaction de Robert l'a totalement déboussolé :

– Tiens, je te donne 20 $, je t'appelle un taxi qui pourra te conduire sur le pont Jacques-Cartier. Tu te jetteras à l'eau. Ce sera mieux comme ça, au point où tu en es rendu.

Il est reparti, furieux, accusant Piché de laisser tomber un ami et lui promettant qu'il allait le regretter. Piché avoue qu'il n'a pas très bien dormi pour le reste de la nuit. Le matin, il a écouté les bulletins de nouvelles à la radio avec une certaine angoisse, implorant les dieux de ne pas entendre une nouvelle au sujet d'un suicide sur le pont Jacques-Cartier! En même temps, il était fier de son attitude. Cet ami était trop intelligent et avait trop de talent pour mener cette vie. Il avait quitté ses études en droit et brûlait sa jeunesse dans les bars de la rue Saint-Denis, obsédé et possédé par les filles et la drogue. Piché et lui se sont revus quelques années plus tard. Il avait complété ses études de droit et travaillait dans un gros cabinet d'avocats montréalais. Piché s'est donné un certain crédit pour la réhabilitation de son ami, sans pour autant lui-même changer quoi que ce soit à son mode de vie.

À cette époque, Robert a eu la surprise de sa vie quand son ami Ivan de Bagheera a sonné à sa porte sans s'annoncer. Comment avait-il pu le retracer après toutes ces années ? Ils ne se sont plus jamais perdus de vue, depuis.

Le pilote a appris très vite les trucs de son nouveau métier de barman. Il a gravi les échelons en quelques semaines, passant de quatrième barman à barman principal, avant d'être promu adjoint au gérant. Quand le patron le lui a annoncé, il était un peu éméché, à la fin de son quart de travail. Il lui a confié : « Toi, j't'aime ben ! »

L'argent rentrait à flots. Robert Piché habitait un luxueux condo, dans le nord de Montréal, avec foyer et table de billard. Il va de soi que les choses se gâtaient dans sa vie de couple. Sa conjointe rêvait d'une relation sérieuse et rangée, et elle avait des projets à la tonne. Denise l'a quitté au moins trois fois pendant cette période-là. La troisième fois fut la bonne. Il fréquentait alors de plus en plus assidûment Lucie, serveuse dans un bar voisin, rue Saint-Denis. Denise n'a pu supporter l'humiliation d'apprendre que Lucie attendait un enfant de Robert Piché. Paul-André est né en janvier 1989.

Le pilote recyclé en barman a fini par payer le prix de son mode de vie effréné. Il a perdu son emploi au *Salon des Cent*, qui a fermé peu de temps après.

C'est par un heureux hasard qu'il est revenu dans l'aviation. À l'automne de 1987, ses amis

167

et lui avaient ramené un superbe chevreuil – un 12 pointes – tué à la chasse. Un des copains l'a prévenu que la tête de la bête serait empaillée et exposée au Salon de la chasse et de la pêche, à la Place-Bonaventure. En visitant le salon, quelques semaines plus tard, il s'est arrêté au kiosque d'un pourvoyeur. Il y a appris que la compagnie Conifair transportait les chasseurs vers l'île d'Anticosti, en plus d'avoir obtenu du gouvernement du Québec la responsabilité de l'arrosage de pesticides contre la tordeuse d'épinettes dans les forêts gaspésiennes.

Piché est entré en contact avec un ex-collègue, devenu chef pilote chez Conifair. Ce dernier cherchait justement à recruter de nouveaux employés. Il lui a proposé un poste de pilote pour l'épandage de pesticides et Piché a accepté avec enthousiasme. Il avait cru, à la suite de son séjour en prison et de sa dérive, que sa carrière dans l'aviation était à jamais terminée. L'offre était d'autant plus attirante qu'il devait être posté à Mont-Joli. Il est donc retourné vivre dans son coin de pays qu'il affectionnait tant. Il s'y est loué une maison, avec sa conjointe Lucie et son fils Paul-André.

Entre-temps, un nouveau chef pilote avait été nommé. Celui qui l'avait embauché était parti dans une compagnie française. L'été 1989, ce nouveau chef pilote, Luc Paulin, a malheureusement perdu la vie dans l'écrasement de son appareil. Piché a dû lui-même identifier son corps à la morgue de Sainte-Anne-des-Monts. Il n'avait jamais vécu une expérience semblable auparavant. Ce fut pénible et l'image de son visage boursouflé l'a longtemps hanté. Piché l'a remplacé à titre de chef pilote, à l'automne 1989. Les choses ont cependant plutôt mal tourné à partir de ce jour. Il avait désormais trop de pouvoir, trop de stress, trop de responsabilités. « Je ne suis définitivement pas fait pour les postes de gestion », avoue-t-il aujourd'hui. À tel point que le directeur des opérations a fini par lui demander sa démission.

Ce nouvel échec était particulièrement dur à avaler. Il croyait sa vie relancée ; il se retrouvait à la case départ, de nouveau sans emploi, à 36 ans.

C'est une constante dans sa vie, il y a toujours quelqu'un pour le sortir du pétrin au moment où tout semble sans espoir. En général, cette personne, il l'a déjà croisée. Si l'on voyait le film de sa vie à l'écran, le scénario apparaîtrait invraisemblable. Mais il pourrait servir à corroborer la théorie – souvent contestée – du psychologue Carl Jung sur la « synchronicité ». Les rencontres déterminantes de sa vie « ne sont parfois qu'une question de détails qui échappent au contrôle de la raison », une suite de « hasards nécessaires », pour reprendre l'expression du psychologue québécois Jean-François Vézina.

Piché a appris, deux jours plus tard, qu'un groupe d'hommes d'affaires, dont faisait partie Michel Pouliot, allait lancer une compagnie aérienne, Les Ailes de l'Île, pour assurer le transport de chasseurs à la pointe est de l'île d'Anticosti. Il a ensuite rencontré son partenaire Jean Gagnon à Mont-Joli et a été embauché sur-le-champ.

Ses nouveaux employeurs l'ont d'abord envoyé à Pittsburgh pour suivre la formation requise pour pouvoir prendre les commandes d'un F-27. À cette époque, en 1989, il n'avait pas l'autorisation de séjourner aux États-Unis. Il lui fallait obtenir un *waiver* (permis de séjour). Le matin où il a pris l'avion pour Pittsburgh, M. Pouliot est venu le conduire à l'aéroport de Dorval. Le pilote risquait gros en traversant la frontière. S'il était refoulé, cet espoir de recommencer à piloter s'évanouirait.

Mais il s'est présenté au comptoir en affichant un air irréprochable, cheveux frais coupés, cravate et tout. Il s'est arrêté au poste de l'agent douanier.

— Où allez-vous?

— Je suis pilote d'avion et je me rends à Pittsburgh pour un cours de perfectionnement.

Le préposé n'a même pas pris le temps d'ouvrir son passeport. Il a été très chanceux, une fois de plus, car il aurait assurément perdu ce nouvel emploi si on lui avait interdit de se rendre aux États-Unis pour recevoir la formation appropriée.

De retour de sa session de cours, il a commencé à travailler aux Ailes de l'Île. Il n'y est cependant resté que quelques mois.

Au même moment, à l'été de 1990, il a reçu un appel d'une compagnie aérienne de France. L'idée d'aller travailler là-bas le tenaillait depuis sa jeunesse. Déjà, lorsqu'il était étudiant au cégep, il avait écrit à l'ENAC (École nationale d'aviation civile) pour faire part de son intérêt d'aller piloter en France. Là encore, il se démarquait de ses camarades de classe. Aucun d'entre eux ne songeait, à ce stade de leur vie, à s'expatrier ainsi. Robert Piché, lui, avait envie de découvrir le monde et il entendait se servir de l'aviation pour atteindre son but. C'était clair dans son esprit depuis l'adolescence.

Un de ses excellents amis – à qui il doit beaucoup, une légende de sa profession –, André Clermont, aujourd'hui pilote chez Air Canada, l'avait recommandé aux recruteurs français. Ces derniers lui avaient proposé un poste et il avait accepté, impatient de s'exiler. En octobre 1990, il a donc emménagé avec Lucie et Paul-André à Mulhouse, deuxième ville d'Alsace. Il pilotait un Embraer-120 sur des vols intérieurs pour la compagnie Alsavia-TAT. De Mulhouse, il effectuait des liaisons vers Lyon, Nice, Lille, Strasbourg, Bordeaux et Nantes.

Il adorait la vie en France, s'y sentait comme chez lui. Les membres du personnel d'Alsavia se plaisaient à voler avec les pilotes québécois. Ils n'étaient pas de grands théoriciens mais plutôt d'habiles opérateurs. Les Européens, dans le monde de l'aviation comme ailleurs, ont un sens de la hiérarchie très développé. Les agents de bord trouvaient Piché et les autres pilotes québécois *cool*, pas snob du tout. Il faut les comprendre : il était très rare qu'un commandant de bord français fraternise avec le reste du personnel en dehors des heures de vol. Les pilotes québécois ne s'en privaient pas. Pour le commandant Piché, le prestige et le rayonnement social du commandant de bord n'ont jamais été importants et il n'est pas, contrairement à certains de ses collègues, particulièrement attaché à l'uniforme. «Je caricature à peine en disant que certains iraient même jusqu'à faire l'épicerie en habit de commandant», dit-il en souriant.

Au bout d'un an, l'aviation a connu un sévère ralentissement, en partie imputable à la guerre du Golfe. Alsavia a éprouvé de sérieux ennuis et Piché, comme plusieurs autres collègues, a été licencié. Lucie n'avait pas le même enthousiasme que lui pour la vie en France. Elle avait le mal du pays et la tension dans le couple devenait de plus en plus insoutenable. Lui n'avait plus de boulot. Elle n'avait pas l'intention de travailler en France et le Québec lui manquait beaucoup. Il a vécu à ce moment l'un des événements les plus tristes de sa vie.

Robert, Lucie et leur fils Paul-André étaient revenus au Québec pour les vacances estivales. Piché en avait profité pour passer aussi de bons moments avec Geneviève qui habitait à Montréal avec sa mère Monique. À la fin de leurs vacances, Piché et sa famille devaient repartir vers la France. À son grand désarroi, Lucie l'a prévenu, à deux jours du départ, qu'elle demeurait au Québec avec Paul-André. Il n'y avait rien à faire pour l'en dissuader et elle a tenu bon. Forcé de s'avouer vaincu, Robert est retourné à Mulhouse seul.

Tout au long du vol vers la France, il revoyait le visage de son fils et avait la gorge nouée. Il était dévasté, vivait le pire échec de sa vie, un coup de masse de plus. En entrant dans son appartement de Mulhouse, c'était comme si son fils de quatre ans était mort subitement. Ses jouets étaient éparpillés partout dans la maison, tout son univers d'enfant était présent. Sa chambre exhalait ses odeurs, un petit pyjama traînait sur le lit, sa commode était pleine de ses vêtements. Sur les photos accrochées au mur, son sourire et sa tête blonde le rappelaient constamment à l'esprit de son père. C'était horrible. Aujourd'hui encore, quand il raconte cet épisode de sa vie, Piché a peine à parler et, à voir la tristesse qui l'envahit, on devine aisément combien profonde fut cette blessure. Depuis six ans, il a la garde complète de son fils et il apprécie son rôle de père.

Il aurait eu toutes les raisons du monde, à cette époque, de sombrer dans la dépression. Il n'avait plus de travail en France et était «brûlé» au Québec. Depuis cinq ans, il faisait des demandes d'emploi à Air Transat et ailleurs, toujours en vain. À chaque voyage au Québec, il venait rencontrer les responsables de l'embauche d'Air Transat, dont certains étaient des connaissances de longue date, et il essuyait leurs refus. Il postulait, sans succès, auprès de la plupart des grandes compagnies aériennes au monde. Il demeurait tout de même confiant. Il assistait régulièrement à des offices religieux, avec l'espérance folle qu'il finirait par s'en sortir un jour.

C'est à ce moment qu'il a commencé à fréquenter Virginie, une agent de bord qui avait travaillé avec lui chez Alsavia. Elle avait 23 ans, il approchait la quarantaine. Ils avaient de vagues projets ensemble, sans plus. Il sentait le gouffre qui les séparait, lui qui entendait de plus en plus se consacrer à ses enfants, elle qui mordait dans la vie et pour qui les enfants étaient la dernière des priorités.

À la même époque, Robert Piché a entrepris le premier d'un dizaine de convoyages d'avions qui allaient le mener en Asie et aux quatre coins du monde. Ces voyages représentaient pour lui la quintessence de l'aventure et de la liberté, ce que l'aviation avait de plus beau à offrir. Pour quiconque aime piloter, c'est le fantasme par excellence, l'aventure extrême. Le commandant Piché a appris un jour qu'il y avait eu un flibustier parmi ses plus lointains ancêtres et depuis, il était convaincu qu'il avait hérité d'une partie de son bagage génétique! Ces convoyages consistaient à faire la livraison d'appareils vides, la plupart du temps en mauvais état, d'un pays à un autre; dans son cas, de la France vers un pays d'Asie. Il fallait généralement réparer ces avions avant de les faire voler jusqu'à destination. Piché et son ami de Bagheera ne disposaient que de peu de temps pour exécuter ces missions périlleuses. En revanche, ces expéditions leur permettaient de se renflouer. Les propriétaires de ces appareils étaient prêts à payer le prix qu'il fallait – souvent jusqu'à 10 000 $ US – pour que leurs avions se rendent à la destination choisie.

Piché rêvait, depuis sa visite à Expo 67, de voir Bangkok. Non seulement rêvait-il de voir la Thaïlande, mais encore tenait-il aussi à s'y poser dans un petit appareil qu'il piloterait «en jeans et en t-shirt, avec les cheveux longs». Pas question de se rendre là en uniforme de commandant avec 300 passagers à bord.

Son rêve s'est réalisé en 1992 à l'occasion d'un convoyage, justement. Son ami Ivan de Bagheera, avec qui il avait vécu tant de belles heures du temps d'Air Gaspé, avait obtenu un singulier contrat du propriétaire d'une nouvelle compagnie du nom d'Héli Globe, basée à Lyon. Le patron leur donnait une allocation de dépenses de 25 000 $ US pour prendre l'un de ses appareils à Lyon et l'amener jusqu'à Hô Chi Minh-Ville, au Vietnam. L'homme y avait flairé de belles occasions d'affaires, et voulait y lancer un service de liaisons intérieures.

Toujours volontaire, Piché s'était lancé dans l'aventure, avec un copilote et deux mécaniciens. de Bagheera, avec qui il fera la plupart de ses convoyages, ne pouvait cette fois l'accompagner.

L'avion à convoyer était un appareil à turbo-propulseurs espagnol, le Casa C-212 Aviocar, qu'il n'avait jamais piloté. Il a dû se prêter à une courte inspection en vol avant d'entreprendre sa mission. L'inspecteur, un pilote d'Airbus au service d'Air France, lui a fait survoler les environs de Lyon avant de l'enjoindre de se poser sur une petite piste de 200 mètres d'asphalte, au bout de laquelle il y avait 500 mètres de pelouse. Piché a réussi à atterrir sur la minuscule portion de bitume, estomaquant l'inspecteur. Le pilote québécois et ses amis ont eu le feu vert pour partir à l'aventure.

Partis de Lyon, les quatre hommes se sont d'abord posés à Naples, dans le sud de l'Italie, où ils ont dormi. Ils sont repartis au petit matin vers Athènes. De là, ils ont fait cap sur Alexandrie, en Égypte, le temps de refaire le plein. À l'aéroport d'Alexandrie, ils ont été frappés par la présence de nombreux policiers et militaires. Ils étaient intrigués jusqu'à ce qu'ils aperçoivent, dans une salle voisine, la silhouette du chef de l'Autorité palestinienne, Yasser Arafat. C'était typique de ce genre d'odyssée. Tout pouvait arriver, le meilleur comme le pire, les rencontres les plus inattendues.

En route vers Louxor, lieu de leur prochaine escale, le commandant Piché a constaté une importante baisse de la pression d'huile du côté du moteur droit et l'a aussitôt fermé. Il s'est quand même posé sans problème à l'aéroport de Louxor. La chaleur là-bas était insupportable et le thermomètre indiquait 45 °C à l'extérieur. Sur le tarmac, ce devait être le double. Les mécaniciens se sont mis au travail. Après trois heures, ils ont trouvé la pièce responsable de la fuite d'huile. L'un d'entre eux a regardé le commandant Piché, dépité.

– Cette pièce est foutue. Il faut que je la fasse venir de la compagnie. On en a pour trois semaines.

Trois semaines ? L'équipage n'avait que dix jours pour remplir sa mission. Le commandant

Piché a demandé à son compagnon s'il serait capable, avec une machine à usiner, de fabriquer lui-même la pièce. À sa demande, un employé de l'aéroport les a conduits devant une maison qui n'avait pas du tout l'allure d'une *machine shop*. Mais derrière la porte, il y avait effectivement tout l'appareillage voulu pour fabriquer cette pièce. D'autres auraient été pris au dépourvu en se voyant cloués au sol en Égypte par un bris mécanique. Malgré le contretemps, Piché aimait ce genre de situation qui le plongeait dans l'inconnu.

Le mécanicien s'est mis à l'œuvre. Pendant ce temps, le pilote québécois s'est assis avec le patron de la place et lui a payé un Coca-Cola. Les enfants venaient l'observer, curieux de voir un étranger. Le pilote leur offrait aussi des boissons gazeuses. Au bout de deux heures, la pièce était fabriquée. Le mécanicien l'a installée sur l'avion et les quatre «pirates» sont repartis. Il leur fallait continuer leur route vers le Vietnam, coûte que coûte. Ils se demandaient si leur pièce de fabrication artisanale allait tenir la route. L'appareil ne répondait pas vraiment aux normes de sécurité. Mais puisque les quatre lascars n'avaient pas de passagers, ils se permettaient quelques dérogations. Ils étaient quelque peu inquiets en survolant la mer Rouge.

Ils ont néanmoins atterri sans coup férir à Djedda, en Arabie Saoudite, avant de repartir et de faire escale successivement à Ryad, Bahreïn et dans le sultanat d'Oman, dans la péninsule arabique.

De là, les convoyeurs ont gagné Karachi, au Pakistan. Là-bas, ils ont eu beaucoup de difficulté avec les autorités aéroportuaires. Le commandant Piché a été soumis à un interrogatoire de plus de sept heures avant d'obtenir le feu vert pour redécoller. Ils ont finalement pu repartir et voler jusqu'à Bombay, en Inde. De là, ils ont traversé le pays, s'arrêtant à Nagpur – en pleine tempête tropicale – puis à Calcutta.

Ils ont ensuite volé jusqu'à Chittagong, sur le golfe du Bengale, au Bangladesh. Ils ont atterri au milieu d'orages violents, tandis que les éclairs déchiraient le ciel. Un comité de réceptions de 50 hommes en uniformes blancs les y attendait, car c'était le premier avion commercial étranger qui y atterrissait depuis la guerre de Corée. Plusieurs d'entre eux arboraient des gallons (bananes) à l'épaule. Piché a été le premier à débarquer. Il avait les cheveux longs, une barbe de trois jours, des jeans troués et un t-shirt sale. Ce n'est pas le genre d'officier que les responsables de l'aéroport croyaient recevoir! Il fallait quand même qu'il joue le commandant, qu'il leur parle d'un ton autoritaire, même s'il avait davantage l'uniforme d'un *beatnik* que celui d'un pilote de calibre international.

Piché entra dans le «bureau des passeports» qu'ils avaient probablement aménagé la veille, comme en témoignaient les effluves de peinture fraîche. Le préposé avait une estampe neuve, sans trace d'encre. «Combien ça coûte?» demanda le commandant Piché. Il avait appris, au fil de ses escales, qu'il fallait souvent soudoyer ses interlocuteurs pour arriver à ses fins dans un convoyage.

— Combien ont-ils exigé à Calcutta?

— Dix dollars.

Les deux hommes se sont finalement entendus pour 40 $. Piché et ses copains sont alors allés prendre un pot. Le commandant était euphorique. Il se sentait plus «vivant» que jamais. C'était le genre d'aviation qu'il aimait. Libre comme l'air, du fric plein les poches, dans un pays exotique, un copilote et deux mécaniciens. Ils étaient heureux comme des larrons en foire, unis dans leur passion, emportés par la même folie. Si Robert Piché avait suivi des cours de pilotage un jour, c'était pour pouvoir vivre plus tard ce type d'aventure, libre de toutes contraintes, et d'éprouver le plaisir de voler à l'état pur. Chaque fois qu'il faisait escale avec ses copains, ils avaient à négocier ferme pour pouvoir ressortir du pays. Pour quitter le Bangladesh, ils devaient obtenir un Air Defense Number (ADN), faute de quoi ils se retrouveraient dans un sérieux pétrin. Sans ce précieux numéro, leur avait-on fait savoir, tout était possible, y compris, dans le pire des scénarios, se faire abattre par des militaires. Quand est venu le temps de quitter le Bangladesh, Piché a donné des consignes rigoureuses à ses compagnons d'aventure : «Restez couchés, je vais aller négocier mon numéro et quand je vais vous appeler, organisez-vous pour être ici dans les minutes qui suivront pour qu'on sacre notre camp au plus vite. »

Robert Piché a toujours été un lève-tôt, peu importe ce qu'il a fait la veille. Il n'était pas encore 7 h quand il se présenta à l'aéroport. Une quarantaine d'hommes l'y avaient précédé. Le plus jeune devait avoir tout au plus 13 ans, le plus vieux 25 ans; c'était le lieutenant. Le pilote entra et constata qu'ils s'affairaient d'un bord et de l'autre. «Ils essayaient de me montrer qu'ils étaient très occupés. Je savais qu'ils voulaient avant tout un bakchich», raconte Piché.

Il a abordé le lieutenant, lui rappelant qu'il avait besoin d'un ADN et se rendit compte, par sa réaction, que cela s'annonçait très long et compliqué. Le lieutenant le fit attendre une bonne demi-heure. Piché songea à lui offrir un bon montant de dollars américains mais se ravisa : il n'était pas question de brûler ses réserves, conscient qu'il lui faudrait répéter le manège à Rangoon, en Birmanie, et à Bangkok, en Thaïlande, les prochaines escales avant d'atteindre le Vietnam. Il patienta une autre demi-heure, profitant de ces instants pour chercher un moyen d'amadouer le lieutenant et ses hommes, et quoi leur dire pour les convaincre. Cela fait partie de son instinct de survie et il l'a souvent expérimenté en prison : il est doué pour trouver les bons mots pour sortir de situations délicates.

Le commandant Piché eut l'idée de leur parler des femmes et des mœurs particulières au Canada et dans le reste de l'Amérique du Nord, quitte à caricaturer et à forcer la réalité : tout est permis quand il s'agit de se sortir d'un pétrin. Il a risqué le coup, en se disant qu'aucune de ses amies ne se trouvait sur place pour l'entendre proférer des choses si crues! Il entama un étrange monologue, en parlant très lentement pour que son public, dont la connaissance de l'anglais était chancelante, saisisse chaque mot.

– Chez nous, au Canada, dans les bars, tu engages la conversation avec une fille inconnue, tu bois avec elle quelques verres et, très souvent, tu te retrouves dans son lit le soir même…

Les hommes, fascinés par ce récit, ont cessé de travailler et se sont attroupés autour de lui. «Je me suis dit : là, je les ai. Je viens de toucher une corde sensible universelle!»

Évidemment, les choses ne se passaient pas du tout comme ça dans leur contrée. Piché était intarissable. Il leur a parlé ainsi pendant plus d'une heure, de la neige au Canada, des villes souterraines, de gratte-ciel, de ses voyages. Les hommes étaient subjugués par cette leçon fortuite d'histoire et de géographie. Piché leur a même montré où était Mont-Joli sur l'immense mappemonde fixée au mur. Ses interlocuteurs n'en revenaient pas et le considéraient de plus en plus comme un extraterrestre. Lui, pendant ce temps, ne pensait qu'à quitter ce pays le plus rapidement possible.

À un certain moment, Piché a vu le lieutenant commencer à pitonner tout en parlant aux autres. Je voyais qu'il s'occupait de mon cas. « J'ai entendu alors dans son radio-émetteur *"ADN number for flight Heli Globe"* et une série de chiffres. J'ai cessé de parler et j'ai noté ce numéro », se souvient-il.

Piché a pensé que le lieutenant essaierait de lui monnayer ce fameux numéro d'autorisation. Avant même qu'il n'ouvre la bouche, le pilote lui a donné son numéro d'ADN. Le lieutenant savait fort bien qu'il l'avait inscrit quelques secondes auparavant dans son calepin ; il était coincé. Le commandant Piché a appelé ses copains et leur a crié au bout du fil : « Venez-vous en, ma gang de pingouins ! C'est le temps de partir d'ici. » Ils sont arrivés en trombe et les quatre aventuriers se sont envolés aussitôt.

Leur escale à Rangoon, en Birmanie, s'est déroulée sans anicroche, le temps de faire le plein de carburant. Puis, ils ont fait cap sur Bangkok, cette ville qui fascinait tant Robert Piché depuis l'adolescence. Il est rentré vers 14 h, au milieu des orages. Il a atterri à l'aéroport international de Bangkok, appelé Don Muang, aux commandes de son petit avion. C'était encore plus beau que dans ses rêves... Il arrivait enfin dans cette «Cité des anges» construite sur les bords du fleuve Chao Phraya. Les boutiques, les célèbres *wats*, les rues chaudes et encombrées de Patpong, la vie nocturne, les palais, les bateaux «longue queue» : il y était enfin, dans cette ville dont la simple évocation du nom résumait toute son envie d'exotisme.

Il s'est discrètement dirigé vers l'extrémité de l'aéroport avant de franchir les douanes sans aucun ennui. Il avait souvent imaginé cette scène. Il n'y était que pour une nuit, mais il savourait chaque minute, humant l'air chargé de moiteur et d'effluves épicés. Lui et ses camarades ont réservé une chambre dans l'un des plus luxueux hôtels, l'Ambassador, puis ils sont partis dans les quartiers les plus animés du centre-ville, dans le *Red Light*, sur Silom Road. Ils y ont fait une grande virée, se sont délectés de spectacles qu'on ne peut voir qu'à Bangkok et sont rentrés à 7 h du matin. Piché est redevenu commandant de bord pour un instant. «Si on veut être payés, il faut dormir quelques heures, repartir aujourd'hui même, en après-midi, et faire cap sur Hô Chi Minh», a-t-il rappelé à ses compagnons.

Le soir même, le pilote et ses trois équipiers se posaient enfin au Vietnam, au terme d'un périple d'une dizaine de jours, 50 heures de vol et 15 pays. Piché allait y demeurer trois mois, assez longtemps pour avoir le coup de foudre pour ce pays et sa culture. De pouvoir vivre en français facilitait les choses.

Au service d'Héli Globe, il faisait la liaison Hô Chi Minh–Con Son, une petite île dans la mer de Chine qui avait servi de prison au temps de la guerre.

Lors du vol inaugural vers cette île, Piché a fait une rencontre marquante : parmi les passagers, un général qui avait été fait prisonnier sur cette île pendant cinq ans. L'homme a servi de guide au commandant Piché lors de la visite de l'ancienne prison. Il lui a raconté les conditions de vie. Quatre prisonniers étaient gardés dans de minuscules cachots en terre cuite conçus pour deux, obligés à faire la rotation, deux debout, deux couchés, toutes les 12 heures. Ils n'avaient ni douche ni toilette. Ils étaient torturés, parfois confinés au «trou», où ils étaient plongés jusqu'à la tête dans une mare de boue et d'excréments. Le général avait souvent failli mourir de faim.

Piché retiendra toujours les leçons de vie que cet homme lui a données. Comparés à ces épreuves, ses 16 mois en prison aux États-Unis ressemblaient à un séjour au Club Med. Pourtant, ce petit général respirait la joie de vivre et le bonheur. Les deux hommes ont poursuivi la conversation dans un bar. Le général a confié au pilote qu'il était positif, optimiste, serein. Le simple fait d'être en vie, de se réveiller tous les matins, le comblait de joie. «Il faut toujours regarder vers l'avenir et éviter de se tourner vers le passé», lui a-t-il enseigné. Piché s'est promis de s'en inspirer et de trouver le temps, un jour, d'approfondir ses connaissances de la philosophie orientale afin de se rapprocher de cette sagesse.

Piché et ses collègues ont aimé leur séjour au Vietnam. Devenus malgré eux objets d'attraction, ils étaient invités dans la plupart des grandes réceptions mondaines. Le pilote québécois a souvenir, entre autres, d'une soirée au cours de laquelle leurs hôtes avaient coupé la tête d'un serpent, versé son sang dans leurs verres de whisky et leur avaient ordonné de faire cul-sec. Ils se sont exécutés à contre-cœur, en se disant qu'il n'était pas question de leur faire un affront en boudant leur rituel. Piché et ses collègues fraternisaient avec des Américains de passage. Ils ont vu plusieurs jeunes diplômés découvrir des réalités de la vie. «Ils arrivaient de Harvard et débarquaient avec leurs mallettes, prêts à révolutionner le Vietnam. On les voyait deux semaines plus tard, ivres, avec des prostituées sous le bras. C'est le Vietnam qui les avait révolutionnés», raconte le commandant.

Pour tenir le coup entre deux mondanités, Piché s'astreignait à une discipline de samouraï : tous les matins, malgré la chaleur moite et l'humidité, il courait ses 10 kilomètres. Encore là, des écoliers du pays qui avaient leur cours d'éducation physique sur le même circuit venaient faire quelques tours de piste à ses côtés pour détailler l'étranger.

Le commandant Piché était à Hô Chi Minh, au service d'Héli Globe, en 1993, quand il a su que le cégep de Chicoutimi organisait une soirée pour célébrer les 25 ans du programme de pilotage. Il a décidé de revenir au Québec pour l'occasion. Il avait très envie de revoir les amis de l'époque et les professeurs. Au cours de la soirée, en réalisant qu'un des anciens était venu d'aussi loin que le Vietnam, les animateurs ont souligné sa présence, et il a dû répondre par la suite à des dizaines de questions au sujet de son expérience asiatique. L'ex-étudiant rebelle, l'«enfant terrible» de la promotion, savourait sa douce revanche au milieu de ses ex-condisciples.

Il n'est pas retourné au Vietnam après la fête, car les affaires d'Héli Globe allaient de moins en moins bien. Il est allé quelques semaines à Strasbourg, où il a rejoint Virginie, avant de revenir au Québec, décidé à tout faire pour décrocher un emploi à Air Club, une compagnie de charters, qui faisait concurrence à Transat. «Ça s'en vient. Ils vont t'embaucher», lui promettait un ami. Il n'a jamais été engagé.

Sa vie allait à vau-l'eau. Pour l'aider à s'en sortir, son frère aîné, haut cadre chez UAP, l'avait embauché à son entrepôt. Il n'y est resté que six semaines. Ce travail n'était pas pour lui. «Ce fut la pire job de ma vie, je n'étais pas fait pour cette vie. Je réalisais à quel point j'étais chanceux de bourlinguer dans le monde.»

9

En taxi à Iqualuit

En juin 1994, Piché s'est retrouvé sans le sou. Son optimisme jusque-là inébranlable était rudement mis à l'épreuve. Son frère Pierre lui a alors suggéré d'entrer en contact avec un ami de Mont-Joli qui dirigeait une flotte de taxis à Iqualuit, au Nunavut, et qui avait comme partenaire Jean-Pierre Pineault, une connaissance de longue date de Robert.

Piché connaissait Pineault depuis l'enfance puisqu'ils avaient fait partie des cadets de l'air à la même époque. Ce copain l'a tout de suite embauché et lui a même avancé un billet d'avion pour Iqualuit.

En deux mois et demi là-bas, de juin à août, Piché a pu amasser suffisamment d'argent pour se débarrasser de toutes ses dettes. Il travaillait de 80 à 90 heures par semaine, avec l'ardeur que peut mettre un homme vraiment décidé à se tirer d'une impasse. Il entendait non seulement se renflouer, mais aussi se refaire une santé.

Les occasions de se laisser aller ne manquaient pourtant pas. Un beau jour, il a fait monter une passagère qui lui a demandé d'arrêter la voiture près d'un dépotoir. Elle a alors sorti un condom et s'est offerte à lui, comme elle le faisait avec la plupart des chauffeurs de taxi venus du Sud. Piché a refusé son invitation et l'a déposée chez elle.

Il menait une vie de moine et rentrait dans sa petite chambre sitôt son long quart de travail achevé.

À cette époque, le service de taxi à Iqualuit ne ressemblait en rien à celui des grandes villes. Il n'y avait pas de tarification en fonction de la distance à parcourir. C'était 2,25 $ par personne, peu importe la destination. Le chauffeur pouvait faire monter plusieurs passagers à la fois. Et puisque les habitants d'Iqualuit détestaient marcher, les affaires tournaient rondement. Certains jours, il amassait plus de 500 $.

Il s'était inscrit au seul club sportif qu'il y avait là-bas et s'y entraînait en solitaire avant de prendre de longs saunas qui lui apportaient le même réconfort que les douches du temps de la prison. Il ne voyait que du bon dans cet épisode de sa vie. Encore une fois, il parvenait à se sortir d'une situation difficile, contre vents et marées.

Il demeure convaincu, depuis cette expérience dans le Nord, qu'il y a toujours moyen de se trouver du boulot, à condition toutefois d'accepter de travailler dans des milieux différents. «Je suis bien conscient que la majorité de mes collègues pilotes d'avion n'auraient jamais accepté de s'exiler ainsi et de faire un travail qui n'est pas le leur pour se renflouer. Moi, je n'ai pas cet orgueil et le prestige rattaché à ma profession m'a toujours fait sourire», confesse-t-il.

Piché a tout de même tenté, vers la fin de l'été, de se faire engager par Air Iqualuit. La petite compagnie aérienne possédait des Navajo, des appareils qu'il connaissait bien pour en avoir piloté à Air Gaspé. Le patron n'a pas voulu de lui, refusant de croire qu'un chauffeur de taxi puisse être aussi pilote d'avion. S'il a eu vent de l'incident du vol TS-236, il a dû voir son visage à la télé et constater que le chauffeur de taxi ne mentait pas…

Alors qu'il séjournait toujours à Iqualuit, Piché a reçu un appel de France de son ami de Bagheera. Il venait de décrocher un contrat pour deux convoyages d'avion. Il s'agissait de se rendre à Prestwick, en Écosse, et d'amener deux appareils à Marseille.

– Piché. Viens-t'en, j'ai besoin de toi.

Il n'avait pas à le convaincre. Piché a accepté d'emblée, incapable de résister à pareille tentation. Toujours prêt pour de nouvelles aventures, il a trouvé le moyen d'aller à la rencontre de son ami, en Angleterre, dès le lendemain. Leur mission était de taille, d'autant plus qu'une inspection sommaire des deux 748 leur avait révélé que les appareils n'avaient pas toutes leurs chambres à combustion. Leurs propriétaires ne voulaient pas vraiment les laisser partir et ils avaient pris les mesures pour que personne ne décolle avec ces deux avions.

C'était mal connaître de Bagheera. Il a remonté lui-même les pièces manquantes, avec la même assurance et le même détachement qu'un enfant réparant une crevaison sur sa bicyclette : il n'y a rien à son épreuve! Ils sont parvenus à faire démarrer les moteurs et à livrer le premier appareil à destination dans les délais convenus. Piché et «l'ours» ont dormi à Marseille et sont retournés aussitôt à Prestwick. Le second avion a été livré le lendemain. Les employés d'Air Provence n'en croyaient pas leurs yeux quand ils ont aperçu les deux appareils dans leur cour. Le propriétaire avait acheté ces avions afin de démarrer une petite compagnie de colis. Piché et de Bagheera ont accepté les offres d'emploi : tous deux étaient chargés de l'entretien des appareils et Piché avait en plus la responsabilité de veiller à la formation des pilotes. C'est ainsi qu'il a entrepris sa carrière à Air Provence. À défaut de piloter, il se réjouissait d'effectuer tout de même un nouveau retour dans l'aviation.

Le jour, il travaillait sur la rampe, et «faisait les départs» du 748. Le soir, il donnait des cours théoriques. «Faire le départ» signifie charger l'avion, l'inspecter, superviser ce qui précède le décollage. Piché a débuté en 1994, y demeurant jusqu'en 1996, année de son embauche à Air Transat.

Ce boulot à Air Provence coïncidait avec ce qu'il souhaitait : un nouveau départ dans sa vie personnelle. Il venait de rompre avec sa maîtresse Virginie et avait confié à de Bagheera qu'il en avait assez des histoires qui ne menaient à rien, qu'il avait passé l'âge de ces idylles avec des jeunes femmes qui n'avaient pas du tout les mêmes préoccupations que lui. Il en avait assez de bourlinguer de l'une à l'autre et avait décidé de s'accorder une période de célibat.

Tout aventurier qu'il fût, Piché s'était toujours efforcé d'être un père présent et attentif. À l'été de 1995, ses deux enfants, Paul-André et Geneviève, sont venus le retrouver dans le sud de la France, à Marignane, où il avait loué une maison, au bord de l'étang de Berre. Il a passé l'été avec eux et a goûté un bonheur qu'il avait jusque-là trop peu connu. Quand Paul-André et Geneviève sont repartis, au mois d'août, Piché a confié à ses proches qu'il avait désormais l'intention de trouver «la» femme de sa vie. Il se sentait prêt à s'engager, prêt à se donner une certaine stabilité.

En 1995, après sa période volontaire de célibat, il a enfin rencontré «la» femme de sa vie, Régine, celle avec qui il partage sa vie depuis. Employée d'Air Provence, cette femme originaire de Nice échangeait parfois quelques mots avec lui, sans plus. Il avait su, par l'entremise de collègues, qu'elle aimait bien le Québec et le Canada, qu'elle avait même fait un voyage en Gaspésie quelque temps auparavant, voyage au cours duquel elle s'était arrêtée à Mont-Joli. On lui avait aussi dit qu'elle avait bien hâte de faire plus ample connaissance avec ces deux Canadiens embauchés par Air Provence.

Un beau jour, Piché a engagé la conversation plus sérieusement. Régine lui a confié qu'elle envisageait un voyage au Vietnam. Il lui a raconté qu'il connaissait bien ce pays pour y avoir séjourné et travaillé quelques mois et lui a offert d'apporter des lectures à ce sujet. De retour sur la rampe, il se parlait seul, à voix haute, furieux contre lui-même : «Maudit innocent! Pourquoi ne l'as-tu pas invitée à souper pour lui parler du Vietnam?» Depuis sa période volontaire de célibat, il avait manifestement perdu une partie de ses réflexes avec les femmes, s'était-il dit.

Par hasard, il a revu Régine, une heure plus tard, dans les bureaux de l'administration. Cette fois, il lui a lancé son invitation et ils se sont donné rendez-vous quelques jours plus tard dans un restaurant vietnamien. Il découvrait avec bonheur, au fil du repas, qu'elle avait beaucoup voyagé et qu'ils avaient, outre les avions, plusieurs passions et points d'intérêt communs. Cette femme lui plaisait. Il s'est retrouvé chez elle à la fin de la soirée. Séduits l'un par l'autre, ils se sont raconté leur vie. C'était clair dans son esprit : il avait enfin trouvé celle qu'il attendait, qu'il cherchait depuis si longtemps. Une femme de sa génération, qui partageait les mêmes valeurs et les mêmes projets de vie.

À leur deuxième sortie, ils sont allés au cinéma, voir le film *French Kiss*, avec Meg Ryan, avant de dîner ensemble à Aix-en-Provence. Tout bonnement, dans la conversation, elle lui a demandé s'il avait déjà fait de la prison. Elle avait deviné.

– Tu sembles avoir beaucoup bourlingué...

– Puisque tu en parles, je vais te raconter mon histoire.

Tous deux savaient tellement ce qu'ils voulaient que les événements se sont précipités. Ils avaient commencé à se fréquenter en septembre 1995. En novembre de la même année, ils emménageaient dans une magnifique maison de vigneron. En juin, Régine apprenait qu'elle était enceinte. Ils se sont mariés en août – Robert y tenait – et elle a donné naissance à leur fillette Estelle en février 1997. Régine quittait définitivement son poste à Air Provence pour déménager au Québec, en octobre 1997. Elle a pris un vol Paris–Montréal d'Air Transat. Et, par un merveilleux concours de circonstances, Robert Piché était le commandant de ce Lockheed-1011 qui les menaient vers une nouvelle vie. Il garde de ce moment un merveilleux souvenir. Il y a peu de maris qui ont le privilège d'offrir à leur épouse une promenade aussi romantique au-dessus de l'Atlantique.

Robert Piché était au service d'Air Transat depuis mars 1996. Régine disait en plaisantant qu'elle lui avait porté chance et que s'il avait obtenu cet emploi si longtemps convoité, c'est parce qu'elle était entrée dans sa vie. Il doit lui donner raison.

Elle a effectivement dû lui porter chance, car il y avait longtemps que le pilote tentait d'obtenir un poste à Air Transat. Il se plaisait en France, mais il y était surtout pour accumuler de l'expérience qui lui permettrait de revenir un jour dans l'aviation à Montréal. Son embauche à Transat s'est faite dans de curieuses de circonstances.

En novembre 1995, sa mère lui téléphonait depuis Mont-Joli et lui apprenait qu'Air Transat avait publié une offre d'emploi pour des pilotes dans les grands quotidiens. «Tu devrais postuler, on ne sait jamais», avait-elle dit. Il est extrêmement rare que des annonces du genre paraissent dans les journaux. Ce n'était pas de cette manière que les transporteurs aériens recrutaient habituellement leurs effectifs, encore moins leurs pilotes. Il fallait que, cette fois, les besoins soient énormes.

Piché a fait parvenir son curriculum vitæ à Montréal, sans trop y croire. Il avait tellement souvent fait l'exercice qu'il n'entretenait plus que de faibles espoirs.

En attendant d'avoir un accusé de réception ou un quelconque autre signe de la compagnie, il poursuivait son travail à Air Provence, qu'il entrecoupait de convoyages. En février, il avait accepté, en compagnie de son vieux complice de Bagheera, le convoyage d'un F-27 de Dinard, en France, jusqu'à Madras, en Inde. Il se souviendra toujours de leur dernier périple à Colombo, au Sri Lanka, au cours duquel ils avaient dû faire face à un mur d'orages électriques. Pour la première fois, Piché a observé des éclairs partir du bas vers le haut entre les nuages. Ce fut la seule et unique fois qu'il a vu de Bagheera, sans dire un mot, mettre ses baudriers d'épaule. Il a compris que la situation était devenue très périlleuse.

Au cours de la dizaine de voyages du genre, le commandant Piché a survolé tous les continents, Laoag, aux Philippines, Londres, Miami, Melbourne…

Le jour du départ, le 1er février, il a reçu à sa chambre d'hôtel une télécopie à l'en-tête d'Air Transat. On le convoquait à une entrevue. Fou de joie, il a tout de suite téléphoné au siège social de la compagnie et obtenu un rendez-vous, le 19 février, tôt le matin.

Plus tard, en rentrant dans sa chambre d'hôtel, à Madras, la lumière rouge du téléphone scintillait. Piché était intrigué, car seule sa femme savait où il se trouvait sur la planète à ce moment. C'était bel et bien elle, lui annonçant qu'il avait un message de Transat : il devait rappeler le chef pilote, Réjean Lafortune. Ironie du sort – une fois de plus –, Piché avait connu ce Lafortune, une vingtaine d'années plus tôt, lors d'un voyage de vacances dans le Sud, et il le voyait réapparaître sur son chemin.

Il hésitait à rappeler au Canada, de crainte d'apprendre que plus rien ne tenait et qu'il n'avait aucune chance d'obtenir le poste tant convoité. «Où es-tu?» lui demanda son interlocuteur, intrigué par la piètre qualité de la liaison. «À Madras, en Inde», répondit Piché. «Je t'appelle pour te dire qu'on a un vol Paris–Montréal, la veille de ton entrevue. Tu peux monter gratuitement. Tu prendras place sur le *jump seat*.»

Ouf! Le lundi suivant, il se présentait à l'entrevue. Il était extrêmement nerveux, savait que ses éventuels employeurs connaissaient tout de son passé, le meilleur comme le pire, dans la mesure où il y avait parmi eux plusieurs anciens employés de Québécair. Il espérait aussi qu'ils étaient bien conscients qu'en vertu de la Charte canadienne des droits et liberté, son épisode de délinquance ne serait pas un motif de discrimination. Il se demandait s'ils aborderaient le sujet et si oui, comment ils le feraient. Ce fut plutôt une question sur un tout autre sujet, posée par un des membres du comité de sélection, qui l'a pris par surprise.

— Si t'es appelé un jour, en tant que copilote, à voler avec un commandant de bord plus jeune que toi, comment réagiras-tu?

Ils connaissaient manifestement bien son tempérament bouillant. Piché ne s'était pas montré désarçonné pour autant et crut avoir donné à ses futurs patrons la réponse qu'ils attendaient.

— Cela ne me dérange vraiment pas. J'ai travaillé assez fort pour me rendre ici. J'ai 42 ans. Je ne veux pas rater ma chance et je serais prêt à composer avec toutes sortes de situations, y compris de faire équipe avec un pilote plus jeune que moi.

Satisfait de sa prestation, l'esprit en paix, sachant qu'il avait livré le meilleur de lui-même, Robert Piché est rentré à Marseille le soir même et a repris son travail à Air Provence. Le vendredi suivant, il recevait une télécopie d'Air Transat lui annonçant qu'il était engagé et qu'il commencerait sa formation sur le Lockheed-1011 dès le mois de mars.

Heureux, presque guilleret, le pilote a remis sa démission aux dirigeants d'Air Provence. À voir son visage épanoui et son sourire des grands jours, ces derniers avaient compris qu'il était inutile de tenter de le retenir, l'avaient remercié en lui souhaitant la meilleure des chances à Montréal. Les collègues n'en revenaient pas de voir ce «gars de la rampe» être embauché comme pilote par un transporteur international.

Une fois sa formation complétée, Robert Piché a entrepris sa carrière à titre de copilote sur le Lockheed-1011. Après six mois en tant que premier officier, il a été promu commandant de bord. En mars 2000, il a séjourné à Toulouse, dans le sud de la France, pour y apprendre à commander l'Airbus A-330. C'est ce type d'appareil qu'il pilotait lors de son mémorable atterrissage aux Açores.

En août 2001, il avait un travail stimulant et bien rémunéré, trois enfants qu'il adorait, dont une fillette de cinq ans à qui il pouvait offrir le luxe et la sécurité d'une famille stable – ce qu'il n'avait pas su donner à son aînée –, une femme qu'il aimait et avec laquelle il vivait dans l'harmonie et un certain confort matériel, possédant une maison non loin de l'aéroport de Dorval. Une situation qui ferait le bonheur de bien des gens. Mais pas Robert Piché; il lui fallait autre chose, d'autres défis.

Il a eu jusqu'à ce jour six bonnes années à Air Transat, éprouvant la plénitude et la satisfaction de ceux qui se savent au sommet de leur profession. Il fait partie de l'élite mondiale des pilotes d'avion, a le bonheur d'atterrir à Londres, Paris, Lisbonne, Vancouver, Amsterdam et Francfort, les plus grands aéroports du monde.

Malgré sa stabilité professionnelle, Piché sentait parfois poindre l'ennui. Devenir commandant de bord sur un gros porteur était, à n'en pas douter, une forme d'accomplissement personnel. «Mais, pour moi, ce n'est pas pour autant la fin du monde», confesse-t-il, même si, pour beaucoup, c'est le but d'une vie. Quand ils sont promus commandants, les pilotes commencent déjà à préparer leur retraite, cherchent les meilleures façons de faire fructifier leurs économies, se trouvent des loisirs qu'ils pourront poursuivre une fois leurs vieux jours venus. Tout cela ne ressemble pas à Robert Piché, pour qui le goût de l'aventure passe avant tout. Dans ses premières années à Transat, il aimait bien l'idée de se retrouver deux ou trois jours en goguette à Paris ou à Londres, entre deux vols. Il faisait la fête avec des collègues et ça l'aidait à retrouver sa vie rangée au retour. Mais après 15 ou 20 séjours à Paris ou à Londres, le plaisir s'use. Depuis quelques années, il caressait d'autres rêves qui avaient en commun de tourner autour de l'Asie. La Corée? La Chine? Le

Japon? Il se voyait aller travailler là-bas au service d'un gros transporteur et y emmener sa famille. Encore aujourd'hui, il se surprend à y penser, même si sa vie a pris un nouveau tournant depuis les événements du 24 août 2001.

10

Cap sur Terceira

Pour un homme qui rêvait d'échapper à la monotonie, le commandant Piché a été d'une certaine façon comblé, dans la nuit du 23 au 24 août 2001. Ce vol TS-236 aura bouleversé sa vie à jamais.

Quand il se repasse le film des événements, il entend encore la voix de son copilote, Dirk De Jager, lui crier :

– Bob! On s'en va à Terceira! On s'en va à Terceira!

Après avoir calculé la quantité de carburant dont ils devaient normalement disposer, compte tenu de la distance parcourue, le copilote a prévenu le pilote qu'ils étaient victimes d'une perte de fuel.

– Attendons! Voyons! Montre-moi ton calcul.

Le commandant Piché a dès lors fait cap sur Terceira. Mais pendant une quinzaine de minutes, c'est-à-dire entre le moment où il a su qu'il éprouvait des ennuis avec l'alimentation en carburant et le moment où il a bifurqué de sa route initiale pour se diriger vers Terceira, le pilote dit avoir été «totalement dans le noir», en ce sens qu'il ne croyait pas ce qui lui arrivait, ne comprenait pas qu'il puisse perdre tant de carburant sans avertissement, sans que les moteurs cessent de tourner. Il n'avait jamais été confronté à une situation semblable. Incrédule, incapable de croire qu'il perdait du carburant à ce point sans le voir, il a même envoyé des agents de bord regarder, avec leurs lampes de poche, au-dessus des ailes s'ils ne voyaient pas sortir de traînée de fuel. Ils n'ont rien constaté d'anormal. En plein jour, ils auraient probablement vu.

S'il a tout de même consenti à faire cap sur l'aéroport de Lajès, c'est par souci préventif. «Si j'ai des comptes à rendre, je les rendrai», s'est-il dit. En fait, de se diriger vers l'aéroport d'urgence aura été la meilleure décision de sa vie. Il aurait attendu cinq minutes de plus qu'il ne se serait jamais rendu ni à Terceira ni à Lisbonne. Cela étant établi, il soupçonnait un problème de logiciel et redoutait les conséquences d'un déroutement injustifié.

«Si je m'étais rendu à Terceira et que l'on avait découvert que mon Airbus n'avait en fait qu'un banal problème de logiciel, si j'avais atterri avec encore 17 tonnes de carburant en réserve et deux moteurs en parfaite condition, j'aurais eu l'air ridicule. J'aurais eu des comptes à rendre, à mon employeur et aux fabricants de l'avion. Je vois d'ici les questions. Pourquoi avoir choisi d'aller à Terceira pour un problème mineur? Pourquoi as-tu paniqué à cause d'un simple déséquilibre de kérosène? J'aurais été accusé d'avoir foutu la trouille de leur vie à 300 passagers pour rien, j'aurais eu une grosse tache à mon dossier, j'aurais mis Air Transat dans le pétrin. J'aurais probablement été blâmé. C'est une donnée importante dans l'affaire», explique le pilote.

En entamant sa route vers Terceira, les deux moteurs fonctionnaient, mais les jauges de carburant descendaient à vue d'œil. Le commandant Piché prévoyait que l'un des deux moteurs allait s'arrêter, bien qu'en son for intérieur il soupçonnât toujours une défaillance de logiciel.

Peu de temps après, la jauge a indiqué «0» et le moteur de droite s'est arrêté. Pour un pilote, c'est la situation la plus dramatique. «J'imagine que c'est l'équivalent d'un parachutiste qui réalise qu'il ne peut réussir à ouvrir son parachute principal», dit-il.

Quelques minutes plus tard, le moteur gauche rendait l'âme à son tour. Quand le compteur est descendu à zéro, le réacteur a mis 20 secondes avant de s'arrêter, le temps de brûler le fuel dans les conduits. Pendant cette courte période, Piché a pensé qu'il ne cesserait pas de tourner. «Regarde, tu vois! C'est un problème de logiciel!» a-t-il dit à son partenaire. Il a, dans les secondes suivantes, bien été obligé de se rendre à l'évidence. Par trois fois, il a répété : «Ça ne se peut pas! Qu'est-ce qui m'arrive là! Perdre les deux moteurs! Ça ne se peut pas!» L'heure n'était cependant pas aux réflexions existentielles ou à l'écoute de ses émotions. L'heure était grave, très grave, et il fallait agir.

Quand le deuxième moteur a flanché, ils étaient alors à 100 milles nautiques, à peu près à 180 kilomètres de Terceira, à environ 33 000 pieds d'altitude. Dans un vol plané, si l'avion descend normalement, les pilotes font alors toujours ce qu'ils appellent dans leur jargon du «3 dans 1», c'est-à-dire que pour 1 000 pieds de descente, ils parcourent 3 milles sur terre. Cela signifiait que, si le commandant Piché réussissait son «3 dans 1», il pouvait voler sur une distance de 99 milles. Qu'il s'agisse d'un minuscule Piper ou d'un immense Airbus, la règle est la même, car tous les avions peuvent planer. En clair, un avion peut généralement planer environ trois fois son altitude, en milles.

«Je me disais qu'il fallait que je garde mon avion dans les airs le plus longtemps possible, mon altitude devenait mon carburant. Il fallait que je fasse mieux que le "3 dans 1", donc du "4 dans 1". Dès que ma vitesse n'était plus suffisante, le signal *stall* (décrochage) apparaissait. Je baissais alors légèrement le nez de l'appareil pour reprendre la vitesse appropriée. Je me tenais à la frontière du *stall*. Quand l'avion décroche, il peut perdre de 4 000 à 5 000 pieds d'altitude avant que le pilote puisse récupérer la situation.

«Ce vol plané a duré environ 18 minutes, à peu près. Moi, j'ai toujours refusé d'envisager un amerrissage», raconte le pilote.

Il savait que l'immense majorité des tentatives d'amerrissage se terminent par une tragédie. L'appareil se fracasse sur l'eau et éclate en morceaux, comme s'il heurtait du béton. Qu'on pense au MD11 de la Swissair, en 1998, qui s'est abîmé au large de la Nouvelle-Écosse, dans l'Atlantique : 229 morts.

Le pilote s'est retrouvé à 15 000 pieds d'altitude, au-dessus de la piste d'atterrissage de Lajès. Auparavant, il y a un trou de sept ou huit minutes dont il n'a presque aucun souvenir, tellement il était concentré. Quand il a vu la piste, il a su qu'il s'en tirerait. «On est bénis! Regarde, on va se poser sur la piste!» a-t-il lancé à son copilote. Il savait dès lors qu'il réussirait à poser cet avion sur la terre ferme. Rendu si près du but, son copilote lui a suggéré de faire une manœuvre pour perdre de l'altitude (un «360 degrés»). «Je le sentais nerveux, mais il a été admirable, dans les circonstances», dit le commandant Piché.

Le pilote avait extrêmement confiance en ses moyens. Jamais, avant ce jour, il n'avait éprouvé à ce point un sentiment d'invulnérabilité. Il n'y avait rien pour l'empêcher de faire atterrir cet avion-là, il sentait monter en lui une force dont il n'avait jamais soupçonné l'existence. Il était plus vivant que vivant, se sentait assez fort pour traverser le mur de la mort. Quand il cherche une comparaison pour décrire cet instant béni, c'est le champion golfeur américain Tiger Woods qui la fournit. Il n'y a bien sûr aucun rapport entre l'aviation, où des centaines de vies sont en jeu, et le golf, qui n'est qu'un sport. Sauf que Piché a entendu un jour Woods expliquer qu'à la ronde finale des grands tournois, le dimanche après-midi, il entrait généralement dans la «zone», dans un état de concentration extrême qui lui faisait réaliser des coups impensables, qui lui fait oublier les milliers de spectateurs, les millions de téléspectateurs et les menaces de mort qui pèsent parfois sur lui. Avant ce jour, le pilote ne saisissait pas tout à fait les paroles du champion golfeur et ce concept de «zone» demeurait fumeux, abstrait pour lui. Il y a repensé, quelques jours après son incident, et croit maintenant pouvoir s'enorgueillir d'avoir, à sa manière, atteint lui aussi cet espèce de nirvana. «Il faut avoir vécu cet état pour le comprendre.» Il ne trouve pas d'autres mots pour décrire ce qu'il a ressenti durant son vol historique.

C'est comme si ce ressort invisible que nous avons tous caché au fond de nous s'était manifesté. Comme si tous ses sens avaient fonctionné avec une plus grande acuité, comme si la pulsion de vie avait été plus forte que tout. C'était une question de désir, le «désir» de réussir ses manœuvres était invincible. Il était au sommet de ses capacités d'homme, au maximum de ses ressources. «Ça vient de ma foi et des expériences que j'ai vécues à travers ma vie. J'attire des expériences qui sortent de l'ordinaire. C'était une sorte de signal d'une force supérieure. C'était une question de vie ou de mort. Il fallait que je m'en sorte et je m'en suis toujours sorti. J'ai tellement traversé de turbulences dans ma vie, j'ai vécu si souvent des situations dans lesquelles je n'avais pas de deuxième chance. Il fallait bien qu'un jour cela me serve.»

Il sentait, peut-être à tort, que son copilote doutait de ses chances de réussir cet atterrissage. Il l'a compris parfaitement et n'a eu aucun mal à se mettre à sa place. De Jager connaissait aussi bien que lui l'ampleur du danger et devait remettre son destin entre les mains du pilote.

À 15 000 pieds au-dessus de la piste de l'aéroport de Lajès, Piché jouissait d'une bonne marge de manœuvre. Selon la règle du «3 dans 1», cela signifiait qu'il avait une marge de manœuvre de 45 milles. La décision du contrôleur de Gander de le faire dévier de sa trajectoire initiale de 60 milles plus au sud prend ici toute son importance. Sinon il aurait eu 60 milles de plus à franchir. «Il m'aurait manqué 15 milles quelque part. Je ne serais plus ici pour raconter ce vol. Je me serais abîmé dans l'océan à 15 milles de la terre ferme», constate le pilote. Comment, se demande-t-il, ne pas croire en une force supérieure en cherchant à comprendre par quel hasard on l'avait fait dévier de sa route originale? C'était écrit. Si les vents n'avaient pas été aussi complices, comme ils l'étaient ce soir-là, l'appareil ne se serait pas rendu à destination et aurait été coincé, trop loin de Gander, trop loin de Terceira.

Les uns ont sacré héros Robert Piché, héros malgré lui. Avant même de connaître tous les détails de l'événement, les autres se sont empressés de mettre en doute ses décisions. La chance est pourtant l'un des éléments clés de cette histoire, reconnaît le principal intéressé. «Ce dont je suis à 100 % sûr, c'est que l'explication à mon exploit, avant tout, c'est la chance. La chance! Je ne suis pas un héros, j'ai eu de la chance! Cela dit, j'ai bien fait ma job, j'ai été bien épaulé par mon équipe sans pour autant minimiser l'exploit d'avoir atterri sans l'usage des moteurs.»

De nombreuses personnes ignoraient, jusqu'au 24 août 2001, qu'un gros porteur pouvait planer ainsi. Le Airbus est extrêmement bien construit, fait remarquer le commandant Piché. Compte tenu de son poids, il a une très bonne finesse (le rapport entre les coefficients de portance et de traînée d'un avion, mesurant son aptitude à planer). Les ingénieurs de la société Airbus ont conçu des ailes très performantes, capables de fendre l'air en donnant le moins de résistance possible pour préserver la vitesse.

L'exploit, convient le commandant Piché, est justement d'avoir atterri sans moteur. Il a eu l'extrême habileté de bien calculer sa descente en fonction de son altitude et la distance à franchir, de façon à atteindre la piste. Il n'avait pas de deuxième chance et s'il avait mal calibré sa descente, il n'aurait, bien sûr, pas pu reprendre de l'altitude.

Piché a ensuite fait trois ou quatre «S», s'est assuré que les roues étaient bien sorties, puis il a dit à son premier officier : «On y va!» À ce moment, l'appareil était encore à 8 000 pieds d'altitude, à moins de 10 milles de la piste. Il ne fait pas de doute qu'il était trop haut. Il a dû manœuvrer à plus de 250 nœuds, à certains moments, pour perdre de l'altitude.

«Pour pouvoir descendre le train d'atterrissage par la gravité, il fallait que je ralentisse à 200 nœuds. Je ne pouvais pas non plus descendre beaucoup sous les 170 nœuds pour éviter de décrocher. J'avais 30 nœuds de jeu et il fallait que je manœuvre à travers ça», raconte-t-il.

Normalement, un gros porteur de ce type se pose sur la piste à une vitesse de 135 ou 140 nœuds. Là, il fonçait à plus de 200 nœuds et son pilote savait que le contact avec le sol serait dur. Il s'est aligné et a atterri en plein centre de la piste. L'avion a touché le sol et on a entendu un retentissant «boum!».

Le commandant Piché a essayé, sans succès, de relever l'appareil au dernier moment, étant donné sa grande vitesse. Il avait un angle de descente trop prononcé et il était impossible d'y changer quoi que ce soit, puisqu'il ne disposait d'aucun contrôle sur le stabilisateur, celui-ci étant demeuré dans la même position depuis l'arrêt des moteurs. Au contact avec la piste, le nez de l'avion s'est levé très haut. À tel point que Piché a perdu la piste de vue. Il a eu le réflexe de laisser l'avion se «rasseoir». Sa vaste expérience, acquise au cours de ses 17 000 heures de vol, lui a considérablement servi à ce moment précis de son aventure. Du temps où il pilotait un DC-4 sur la Basse-Côte-Nord, le nez se relevait souvent à l'atterrissage et il savait, grâce à la méthode «essai-erreur», que la meilleure chose à faire dans ces circonstances était de laisser l'avion se rasseoir. «Si tu tentais une manœuvre, l'avion rebondissait comme un caillou dans l'eau. Les pistes étaient courtes et il fallait à tout prix éviter ces situations», se souvient-il.

Si l'Airbus avait touché les roues de nez en premier, il se serait probablement fracassé en plusieurs morceaux.

Pendant ces quelques secondes éprouvantes, Piché se disait qu'au moment où l'avion retomberait sur ses roues, il ne devait surtout pas rebondir une deuxième fois. Il était résolu à appliquer les freins d'urgence, les seuls à sa disposition, il n'avait qu'une chance – ces freins ne fonctionnent qu'une fois. Quand le nez s'est enfin baissé, Piché s'est rendu compte qu'ils avaient touché la piste avec le train principal, comme il le fallait. Si une seule roue l'avait touchée, l'avion aurait rebondi on ne sait où, différemment, et ils auraient été deux fois plus dans le pétrin. Non seulement a-t-il touché la piste avec le train principal, mais le commandant Piché a placé son appareil en plein centre de celle-ci. C'est du grand art! Ses amis pilotes n'en reviennent toujours pas. Modeste, Robert Piché leur répond par la boutade d'un ancien chef pilote, Paul Lortie. «C'est aussi facile [de faire] atterrir un avion dans le centre de la piste qu'à côté!»

Quand il a senti les roues retoucher la piste, le pilote a freiné. On a entendu alors les pneus éclater. «Freines-tu?» lui a demandé son copilote. «Quoi? Si je freine? Qu'est-ce que tu penses que je fais? Il n'y a plus de place entre la pédale et le plancher», a répondu le commandant. Ils ont entendu une déflagration. «Quel est ce bruit?» a demandé le copilote. «Ce sont les pneus qui éclatent», a dit le commandant.

Quand l'appareil a été immobilisé, Piché a donné un *high five* à son copilote : «Tu vois! Je t'avais dit qu'on réussirait!» L'avion s'était arrêté, mais un morceau de jante a continué de rouler devant eux, et ils ont trouvé l'image cocasse, malgré la gravité du moment.

Les pompiers ont éteint rapidement l'incendie des pneus. Les agents de bord ont déployé les toboggans et ont entrepris l'évacuation des passagers. L'opération a duré 90 secondes. Piché est sorti de son cockpit. La directrice de vol était là avec les deux derniers passagers qu'elle a fait glisser dans la chute. Le pilote a vu l'intérieur de l'avion : on aurait dit un champ de bataille. Les masques à oxygène pendaient, il y avait des vêtements partout, des sacs renversés, des lunettes et des souliers, aussi, que les passagers avaient été invités à retirer.

Le commandant a, comme il se doit, été le dernier à sortir et il se souviendra toujours de sa réaction en voyant les roues de son avion. En bon Québécois, il a laissé sortir un vibrant «Tabarnac!» Ce juron, venu du plus profond, résumait à lui seul ses sentiments. «Je vais perdre ma job! L'avion a les roues carrées!» s'est-il dit par la suite.

Des dizaines de personnes s'agitaient autour de l'appareil et des passagers. Des pompiers, des policiers, des ambulanciers, des militaires américains et portugais.

Plusieurs d'entre eux lui adressaient la parole. «Je suis le lieutenant Untel, le sergent Untel etc.» Lui, il n'entendait rien, avait envie de leur répondre «Laissez-moi tranquille! J'ai besoin d'un téléphone!» et cherchait le responsable des lieux. Il avait la gorge sèche, tremblait un peu et fixait l'Airbus en se demandant comment son patron allait réagir quand il lui annoncerait que son avion avait désormais les «roues carrées», un peu comme un adolescent qui endommage la voiture de son père.

Plusieurs passagers venaient le voir les uns après les autres et le serraient très fort dans leurs bras. Plus tard dans la soirée, en voulant mettre ses lunettes qui étaient accrochées à son cou, il s'est rendu compte que les montures étaient tordues, tellement les passagers l'avaient pressé contre eux. Des hommes de son âge pleuraient comme des enfants en l'étreignant. Des femmes, des petits enfants se lançaient vers lui. «*Thank you very much! You are God!*» «Vous nous avez sauvé la vie. Merci!» lui criaient d'autres passagers en larmes. Plusieurs enfants même ont fait autographier leur veste de sauvetage par tout l'équipage. Le personnel de bord le remerciait et le félicitait en pleurant de joie. Chacun lui avouait avoir cru sa dernière heure arrivée. Lui, honnêtement, jure n'y avoir pensé qu'une fraction de seconde, pas plus.

11

La cigarette du survivant

Finalement, le lieutenant-colonel Trindade s'est approché de lui et lui a tendu la main : «Je suis en charge de l'aéroport. Je suis celui à qui vous devez parler.» Piché s'est présenté à son tour. L'homme lui a confié plus tard qu'il n'arrivait pas à croire que le commandant puisse être si calme à ce moment-là, alors que son copilote était toujours aussi fébrile.

— Y a-t-il quelque chose que je puisse faire pour vous? a demandé le colonel.

— Oui. Donnez-moi une cigarette. Ça urge! J'ai besoin de fumer.

Il lui a tendu une cigarette portugaise et Piché croit l'avoir fumée en une touche! C'était pas la traditionnelle cigarette du condamné mais plutôt celle du survivant. Dans les deux cas, elle apporte un soulagement que les militants anti-tabac ne pourront jamais comprendre.

Psychologiquement, jure-t-il, il n'était pas en état de choc. Tout ce dont il avait peur, c'était de perdre son emploi et il se demandait s'il avait bien fait son devoir.

Soudain, il s'est ressaisi et a réalisé qu'ils n'avaient pas à s'inquiéter, ni son copilote ni lui. «Dis-toi une affaire, Dirk. Ce n'est pas nous qui l'avons causée, cette foutue panne, et on a pas tué personne», lui a-t-il répété. Cette pensée lui a permis de retrouver une certaine paix intérieure. On a su, depuis, que la perte de carburant était probablement attribuable au contact du conduit de l'arrivée de carburant avec le conduit hydraulique installé sur le moteur droit de l'appareil. Il ne s'agit toutefois que d'une hypothèse, car c'est le rapport des autorités portugaises qui fera toute la lumière sur l'incident, sur ses aspects techniques humains, au terme d'une très longue enquête à laquelle participent aussi le Bureau de la sécurité des transports (BST) du Canada, le Bureau d'enquêtes et d'analyse pour la Sécurité de l'aviation civile de France, la Division des enquêtes sur les accidents d'avion de Grande-Bretagne, ainsi que les sociétés Air Transat, Airbus et Rolls-Royce. Un an jour pour jour après le vol TS-236, le rapport n'a toujours pas été publié.

Dans l'attente des conclusions, Piché se dit qu'il a, en quelque sorte, peut-être sauvé sa compagnie aérienne. Certains transporteurs internationaux, même ceux qui ont les reins solides et sont bien implantés dans l'industrie, ne se remettent jamais d'une catastrophe et doivent fermer leurs portes. Le titre en Bourse d'Air Transat a d'ailleurs chuté, dans les jours qui ont suivi l'incident. Mais la compagnie fondée il y a 15 ans s'en est vite remise et ses affaires vont de nouveau très bien.

Il était 6 h 30 du matin au moment de l'approche, il faisait encore nuit. Quand Robert Piché est descendu de l'avion, le jour s'était levé.

Après avoir fumé la meilleure cigarette de sa vie, il a demandé au lieutenant-colonel Trindade quelle serait la suite des événements.

— Je ne sais pas. Vous allez nous dire quoi faire et on procédera.

— Pardon? Je viens de faire un atterrissage d'urgence et d'éviter une catastrophe. Je m'attends maintenant à être pris en charge.

Le lieutenant-colonel lui expliqua que les choses ne fonctionnaient pas ainsi. Sa seule préoccupation était de dégager la piste afin que l'aéroport puisse rouvrir. Cet aéroport militaire avait aussi une vocation commerciale. Des voyageurs attendaient impatiemment de pouvoir décoller, et il comptait sur Piché pour indiquer la marche à suivre.

Sa réplique a été courte et cinglante : « Si vous êtes capables de le déplacer, allez-y. » Sa priorité, c'était de trouver un téléphone, car il avait plusieurs appels urgents à faire. Il devait d'abord joindre un représentant de l'Air Line Pilot Association (ALPA) aux États-Unis. Il est le premier à prévenir en cas d'accident.

— Bonjour! Je suis le commandant Robert Piché. Je viens tout juste d'atterrir en catastrophe à Terceira. Tout le monde est sauf.

En raison du décalage horaire, le représentant de l'ALPA a reçu l'appel en pleine nuit; il était à moitié endormi et totalement confus. Piché lui a répété lentement qu'il était pilote pour Air Transat, qu'il venait de faire un atterrissage d'urgence aux Açores et voulait l'en informer pour qu'il applique les procédures habituelles. «OK, je m'occupe de ça», a-t-il balbutié.

Il a ensuite téléphoné à son chef pilote, au siège d'Air Transat.

— Salut! C'est Bob. Je viens de t'en faire une belle. Ton avion est rendu avec les roues carrées. Mais il n'y a pas de blessés graves, tout le monde est sain et sauf. À part ça, je suis certain que j'ai encore 17 tonnes de carburant dans cet avion-là.

Piché a la tête dure et il n'écartait pas encore l'idée qu'il restait peut-être encore du fuel dans son avion et qu'il avait été victime d'une défaillance d'un logiciel.

Tous les membres de la «cellule de crise» d'Air Transat allaient être informés de l'incident dans les heures qui allaient suivre. Le plan d'urgence avait été mis à l'épreuve quelques jours plus tôt lors d'une simulation. Les premières personnes contactées dans la chaîne téléphonique, cette nuit-là, ont d'ailleurs cru qu'il s'agissait d'un nouvel exercice.

Sa conversation avec son supérieur avait rassuré Piché, et il se sentait bien appuyé par la direction.

Il fallait maintenant vider l'avion, sortir les bagages, et il a lui-même participé à l'opération. Commandant ou pas, il a mis la main à la pâte comme les autres, portant même des valises, comme du temps où il était jeune pilote à Air Gaspé.

Les passagers ont été conduits au terminal où on leur a donné à boire et à manger, en attendant de pouvoir récupérer leurs effets personnels laissés dans la cabine, passeport ou autres, et de repartir. Le personnel était dans une salle à part. Vers la fin de la journée, les passagers ont été transportés par bateau jusqu'à Ponta Delgada, sur l'île de Sao Miguel.

Le commandant Piché a dû passer sept heures autour de l'avion ou à l'intérieur, après l'atterrissage. Il était toujours curieux de savoir s'il restait ou non du carburant dans les réservoirs.

Lorsque les préposés ont été en mesure de donner du courant à l'appareil avec l'*external power*, il a regardé son copilote droit dans les yeux.

— Si on branche l'électricité sur cet avion et qu'on découvre qu'il y a du carburant, j'y mets le feu!

Heureusement, il restait à peine 200 kilos, hormis des résidus dans les conduits. Ouf! Il était soulagé. Il y avait bel et bien eu une fuite majeure. Il a «sécurisé» l'avion et quitté les lieux.

Les journalistes se pressaient de l'autre côté de la clôture, non loin de la piste. Quelques minutes plus tard, la nouvelle allait faire le tour du monde, diffusée sur tous les fils de presse et sur Internet. Le commandant Piché ne réalisait pas, à ce moment, l'ampleur que cette histoire allait prendre. Des amis qui séjournaient au Japon lui ont raconté avoir eu la surprise de leur vie en voyant sa photo apparaître à la télévision.

Piché ne se doutait même pas, à ce stade de sa mésaventure, que sa vie ne serait plus jamais la même, qu'il entendrait parler de ce vol pour le restant de ses jours, partout où il se présenterait. La formation des pilotes de gros porteurs est extrêmement poussée, d'une rigueur à toute épreuve. Rien, par contre, ne les prépare à la gloire soudaine...

Le lieutenant-colonel a amené Robert Piché dans son bureau pour rédiger un premier rapport. De Jager a beaucoup de verve et il voulait tout raconter, expliquer les événements dans les moindres détails. Le commandant l'a pris dans un coin et l'a mis en garde.

– Tu ne dis pas un mot et tu me laisses faire. Je vais lui dire ce qu'il y a à dire, à ce type. Même si ce lieutenant-colonel me dit que son rapport ne sortira pas d'ici, je reste méfiant. On sait pas comment l'enquête va se terminer. Moi, je suis peut-être le bon Dieu présentement, mais dans six mois ou dans un an, je serai peut-être le dernier des parias, le gars à abattre.

Piché a résumé succinctement l'affaire au lieutenant-colonel : «On a perdu notre fuel, victimes d'une fuite majeure, on a décidé de se diriger sur Terceira; en cours de route on a perdu usage des deux moteurs, puis on a fait un atterrissage d'urgence, c'est tout ce que l'on peut affirmer pour le moment.» Du coup, cette première enquête s'est arrêtée.

Piché ne pensait qu'à joindre sa famille. Il voulait prévenir sa mère, mais comme elle n'entend pas très bien au téléphone, il craignait de l'énerver davantage plutôt que de la rassurer. Alors, il a appelé sa sœur Lucie. C'est son mari, Simon, qui a répondu. Pour Robert, ce dernier est plus qu'un beau-frère, c'est un ami.

– Salut, Simon, c'est Bob! J'ai perdu mon fuel au-dessus de l'océan et j'ai été obligé de faire un atterrissage d'urgence à Terceira… Non, non. Je vais très bien. Il n'y a ni morts ni blessés graves… Je t'appelle pour que tu préviennes tout le monde dans la famille, surtout ma mère. Elle va apprendre ça aux nouvelles, c'est sûr, et je m'inquiète. Appelle-la pour lui dire que tout est O.K. Appelle aussi mes frères Pierre et Alain.

Simon s'est remis de ses émotions, puis a entrepris sa série d'appels, confiant à sa fille Julie le soin d'avertir sa grand-mère Estelle. Sa première réaction a été «Mon Dieu! Il est mort!» Calme et délicate, Julie l'a habilement rassurée.

Le commandant Piché a appelé lui-même Régine. Elle n'était pas tout à fait éveillée, elle le croyait à Lisbonne et se demandait pourquoi il lui téléphonait si tôt dans la journée. Elle a très peu réagi quand il lui a raconté les événements, elle qui, pourtant, connaît bien le milieu de l'aviation, puisqu'elle a été agent de bord. Il a insisté: «Ouvre la télé, ils en parlent sûrement.» Il a promis de la rappeler plus tard. Il avait oublié de lui préciser de ne rien dire aux journalistes qui trouveraient sûrement moyen de téléphoner à la maison. Ils ne s'en sont pas privés, d'ailleurs.

Piché a reparlé à son épouse 20 minutes plus tard. Elle n'était plus capable de dire un mot et

pleurait sans arrêt. Elle venait de voir le reportage à la télévision, frappée par l'image de
l'avion sur le tarmac, elle saisissait totalement
l'ampleur du drame : c'était un miracle si son
mari et ses passagers étaient toujours en vie.

Enfin rendu dans un hôtel de Terceira, Piché
a réuni ses collègues autour d'un repas pour une
séance informelle de débriefing. L'atmosphère
était sans pareille, les agents de bord oscillaient
entre le rire et les larmes, un des pompiers de
l'aéroport s'était joint à eux. L'émotion était
à fleur de peau. Les membres de l'équipage
prenaient peu à peu conscience qu'ils étaient
des «survivants», unis par le fait d'avoir vécu
une expérience que peu de leurs semblables
connaîtraient, que peu d'êtres humains, même
les plus proches, pourraient comprendre. Personne d'autre, pas même ceux qui recréeront
leur vol en simulateur, ne pourra vraiment savoir
ce que représentent de pareils moments.

Les agents de bord se faisaient d'étranges con-
fidences. «Moi, au moment où je pensais qu'on
allait amerrir, j'étais incapable de m'enlever de
la tête l'idée que j'allais peut-être me faire dé-
vorer par des requins, mais je m'efforçais de
garder mon calme pour rassurer les passagers»,
a dit l'une. «Je me disais qu'il me fallait enlever
mon veston, sinon je serais trop lourde pour
nager. C'était totalement irrationnel», a renchéri

l'autre. «J'ai demandé à une collègue de dire à mon mari et à mes enfants que je les aime, si elle s'en tirait et moi pas», a poursuivi une troisième. Et ce fut ainsi pendant des heures. C'est dire à quel point les personnes à bord du vol TS-236 ont vu la mort de près.

Le commandant Piché et ses collègues ont passé la nuit dans un hôtel dont le nom a été gardé secret, afin de les soustraire aux journalistes. Le pilote a tout de même été réveillé par un reporter du journal local qui avait trouvé leur refuge.

Dès le lendemain, samedi 25 août, une équipe de «gestion de crise» d'Air Transat est arrivée à Terceira. Parmi le groupe, il y avait des cadres, une infirmière, deux psychologues et une dizaine de mécaniciens.

Le dimanche, Piché et le reste de l'équipage ont quitté les Açores dans un appareil militaire C-130 à destination de Lisbonne. De là, un jet privé affrété par Transat les a amenés à Brest. Seul le commandant connaissait leur destination. Le but était de préserver leur anonymat. Ils ont quitté Brest mardi matin pour s'envoler vers Mirabel. Au cours de l'envolée, on leur a montré des dizaines de coupures de presse et ce n'est qu'à ce moment qu'ils ont pris conscience à quel point l'événement avait été l'objet d'une grosse couverture médiatique, particulièrement au

Québec. Le commandant Piché serait accueilli en héros et il devrait participer à une conférence de presse qui serait très courue et diffusée en direct sur les chaînes d'information continue. Le porte-parole de la compagnie lui a donné de rapides instructions et quelques trucs pour répondre aux questions des journalistes.

Au cours d'une escale à Halifax, le commandant Piché a demandé à l'infirmière de la compagnie, Gina Stirpe, de lui couper les cheveux, pour qu'il soit présentable dans ce premier grand rôle à l'écran. Il a changé son jean et son t-shirt contre son uniforme de pilote.

En entrant dans la salle du Château Mirabel où avait lieu la conférence de presse, il a été renversé par la quantité de journalistes, de caméramans et de techniciens présents qui l'aveuglaient avec leurs réflecteurs. Ils devaient être plus d'une centaine. Les grandes vedettes du journalisme et les chefs d'antenne des bulletins télévisés s'étaient déplacés pour l'occasion. Piché ne savait trop s'il vivait un rêve ou un cauchemar. On lui avait donné un truc pour dompter le trac : regarder dans le fond de la salle. Il l'appliquait tant bien que mal. On l'avait aussi prévenu de s'attendre aux questions les plus farfelues comme les plus intelligentes. Dans les deux cas, il a été bien servi. Un journaliste lui a même demandé s'il était parent avec le chanteur Paul Piché! Plusieurs cherchaient aussi à savoir à quoi il avait «pensé» dans les minutes les plus difficiles. On reconnaît bien les préoccupations des intellectuels! Il n'avait pas «pensé», il avait «agi».

Robert Piché avait été avisé d'en dire le moins possible et avait choisi de rester humble et prudent. Il mesurait chaque mot et s'obstinait à répéter qu'il «n'était pas un héros» et qu'il «n'avait fait que son travail». Entouré notamment du premier officier Dirk De Jager, de la directrice de vol, Meleni Tesic, et des dirigeants d'Air Transat, il s'était montré stoïque, voire timide. «Je ne me considère pas comme un héros. Ç'a été un travail d'équipe», avait-il martelé, exagérément calme, se permettant quelques euphémismes du genre : «Ce n'est pas une situation dont un pilote rêve» ou encore «je n'avais en tête que la sécurité des passagers». Il avait insisté sur ses 30 années d'expérience et ses 17 000 heures de vol. Il avait aussi dit qu'il n'arrivait pas à décrire «comment il se sentait par rapport à tout ça». Héros, certes. Mais héros récalcitrant. «Je m'en serais passé de celle-là», avait-il lancé. Les journalistes étaient repartis médusés, bredouilles. Les plus zélés avaient voulu qu'il leur livre sur-le-champ toutes les explications techniques et le pourquoi du comment. Les autres auraient espéré qu'il mette ses tripes sur la table, qu'il verse une larme ou à tout le moins, qu'il sorte une citation qui ferait date, un *scoop* pour ouvrir le *Téléjournal*. L'information-spectacle se nourrit de ces débordements émotifs. Le *show* de télé aurait été tellement meilleur si au moins il avait craqué, versé cette larme qui excite le zoom des caméras. C'était mal connaître l'homme. Comme l'a écrit si justement le chroniqueur Yves Boisvert, dans *La Presse* : «Celui qui aurait donné dans l'émotion médiatique sur commande n'aurait pas été en mesure de faire atterrir cette machine.» L'univers des médias est à mille lieues de ce monde parallèle qu'est celui de l'aviation. Tous ceux qui lui demandaient «comment vous sentiez-vous?» se trompaient. Il avait beau faire face à une situation – une panne des deux moteurs – dont la probabilité était de sept sur un milliard, il avait beau être à trois ou quatre minutes d'une mort certaine, il ne «sentait» pas, ne «pensait» pas. Il «agissait», tout simplement. «Ce n'est pas que j'ai pas de cœur, confiera-t-il plus tard. C'est que j'ai été formé pour réagir ainsi, pour m'oublier.» Il est difficile, pour ceux qui carburent aux mots et aux émotions, de saisir cette réalité pourtant fondamentale dans le cercle fermé des pilotes.

Manifestement, Piché a projeté l'image d'un homme modeste, héros malgré lui. C'est ce que les journaux ont retenu le lendemain. Le pilote ne s'attendait pas vraiment à ce que l'un d'entre eux ressorte dès ce jour-là son histoire de transport de drogue, mais cela lui a tout de même effleuré l'esprit. Chose certaine, il ne voulait absolument pas se lancer dans des explications techniques et court-circuiter le travail des enquêteurs. Pour un premier séjour dans la fosse aux lions médiatique, il s'en était plutôt bien sorti. Les médias, restés sur leur appétit, allaient toutefois avoir une sorte de «revanche» quelques jours plus tard.

12

Le héros déboulonné

Dans l'espoir qu'il puisse se remettre de ses émotions et trouver une certaine quiétude à l'abri des regards indiscrets, les patrons de Robert Piché lui ont offert un séjour à la station touristique du mont Tremblant. Il y était avec son épouse et ses enfants, inscrits sous un nom d'emprunt : M. et Mme Gingras. Le couple y est toutefois demeuré moins longtemps que prévu.

En prenant connaissance des journaux du matin, Robert Piché a jugé qu'il valait mieux rentrer chez lui, à Montréal. Avant même les conclusions de l'enquête, un quotidien torontois laissait entendre qu'il aurait peut-être été l'artisan de son propre malheur en transférant du carburant vers l'endroit de la fuite. Il craignait le début d'une spirale et s'attendait désormais à ce que son passé criminel soit étalé au grand jour.

Il était de retour chez lui, en milieu d'après-midi, quand il a reçu un appel d'un haut cadre d'Air Transat. Le patron semblait très nerveux. Il voulait annoncer à son désormais célèbre pilote qu'il avait appris de source sûre que les journaux allaient révéler, à la une, cette histoire de transport de drogue.

À partir de ce moment, Piché craignait le pire et imaginait même que des caméramans viendraient se planter devant son domicile. Cela s'est produit, le lendemain. Il se faisait avant tout du mauvais sang pour son fils de 12 ans, Paul-André. Piché avait attendu que sa fille aînée, Geneviève, ait 18 ans avant de lui faire le récit de certains épisodes de sa vie, dont son arrestation pour transport de marijuana et son séjour en prison aux États-Unis. Il avait l'intention de faire de même avec son fils, mais il préférait attendre que le garçon ait une certaine expérience de la vie. L'imminence de la parution de la nouvelle dans au moins deux journaux le forçait à bousculer ses plans.

Il a entrepris de tout révéler à son fils avant que Paul-André l'apprenne par la télévision. Il regardait la télé au sous-sol quand son père l'a prié de monter à la cuisine.

— Qu'est-ce que j'ai fait encore? a-t-il demandé, comme n'importe quel préadolescent l'aurait fait.

– T'as rien fait, Paul-André. C'est plutôt moi qui ai fait quelque chose…

Le père a alors amorcé son récit. Son fils a très bien réagi, a bien compris et l'a même consolé. Piché voulait le mettre en garde; à l'école, ses copains pourraient lui parler de cette affaire.

– T'en fais pas, papa. Je vais m'arranger avec eux.

Piché a ensuite prévenu sa mère. Elle savait tout depuis longtemps, bien sûr, de même que ses proches. Mais certaines de ses amies et quelques membres de la famille n'étaient pas au courant. Et le pilote appréhendait la réaction de sa mère quand elle verrait toute cette histoire remonter à la surface alors que son fils atteignait une grande notoriété.

Le lendemain, la manchette assassine est sortie. «Piché n'a pas toujours été un héros – Un passé de trafiquant», titrait *Le Journal de Montréal*. *La Presse* publiait aussi la nouvelle, qui fut reprise *ad nauseam* par les agences de presse et les réseaux de télévision. Les journalistes n'ont pas eu à mener de longues enquêtes. Une source anonyme, un homme avec un fort accent anglais, avait appelé dans les deux quotidiens pour leur donner la primeur de l'information. Piché ignore toujours qui est cette personne, mais il n'a pas été surpris de cette volonté à le rabaisser, car il n'a pas que des amis dans l'aviation.

Tout cela le rendait fort malheureux. Il n'avait pas demandé à devenir une figure publique, n'avait pas cherché à devenir un «héros national». Ce sont les médias qui venaient de créer tout ce mythe, cette aura autour de lui, qui en ont fait une vedette. Ils ont probablement vendu des milliers d'exemplaires de plus de leurs journaux, pensait-il, et, aujourd'hui, le déboulonnent, sans se soucier du tort qu'ils causent à ses proches.

Ces épisodes, pour lui, sont des affaires classées depuis longtemps. Il a fait une erreur et en a payé le prix. Il a purgé sa sentence en prison et a même obtenu son pardon des autorités américaines, en décembre 2000. Il marche la tête haute et répète à qui veut l'entendre qu'il assume l'entière responsabilité des ses actes. Ses patrons connaissaient tout de son passé à l'embauche. La majorité de ses collègues, toutefois, n'en savaient rien.

Robert Piché se souvient à ce propos d'avoir voyagé avec un copilote, lui-même plutôt marginal, qui lui avait dit, outré : «Il paraît qu'il y a un ancien détenu parmi nous.» Piché a souri. Le copilote en question a ri jaune quand il a revu son collègue quelque temps après la divulgation de son épisode criminel.

Non seulement Piché a-t-il fait la paix avec son passé, mais il en est libéré. Un seul article, parmi tous ceux faisant allusion aux événements de 1983, l'a insulté. Le texte laissait entendre qu'il avait été un ami d'un certain pilote devenu célèbre lors de son arrestation en Haute-Mauricie aux commandes d'un appareil bourré de quatre tonnes de cocaïne. « C'est totalement faux, je ne connais pas cet hurluberlu », jure Piché.

Avant que la nouvelle n'éclate au grand jour, avant le vol TS-236, il lui venait parfois l'idée qu'en cas d'incident de vol banal – par exemple un atterrissage un peu brusque, sur une piste glacée, sans blessés ni dommages à l'appareil – la presse finirait par publier des informations sur son passé. Non seulement il se dit délivré de cette pression aujourd'hui, mais il estime être devenu un homme meilleur, un être plus fort depuis cette épreuve, et encore plus depuis qu'elle est connue.

Il a compris que, dans toute cette histoire, les journalistes ont fait leur métier. C'est pour ses proches qu'il avait mal, son épouse, ses enfants et sa mère.

La population en général, et celle de Mont-Joli en particulier, est moins indulgente que Piché et rage encore contre les médias d'avoir, quelques jours à peine après son exploit, divulgué son passé. «S'il avait tué un de ses semblables ou s'il avait été reconnu coupable de pédophilie, c'eût été différent. Mais, pour ses amis, sa famille et la population de Mont-Joli dans sa totalité, il a commis une erreur de jeunesse, en a payé le prix et a été pardonné. Point à la ligne. Pourquoi profiter de son exploit pour ressortir toute cette affaire? C'était réglé depuis longtemps dans l'esprit de tous, d'où notre colère», résume Roger Boudreau, lui-même journaliste et une figure majeure dans la communauté mont-jolienne.

La nouvelle a donné lieu à un déferlement d'indignation d'une rare intensité. Le jeune, talentueux – et regretté – journaliste Jean-Michel Gauthier, du *Journal de Montréal*, a confié avoir reçu plus de 500 appels et 300 courriels injurieux dans les jours qui ont suivi la publication de son reportage. Les téléphonistes de *La Presse* ont été également inondées de plaintes. Les tribunes téléphoniques des radios furent assaillies par des citoyens en colère qui, l'un après l'autre, exprimaient leur dégoût de voir la presse étaler le passé de Robert Piché!

Le 17 novembre 2001, lors du congrès de la Fédération professionnelle des journalistes du Québec (FPJQ) à Trois-Rivières, l'affaire Piché a été au centre des discussions. Le professeur Jean-Pierre Proulx, de l'Université de Montréal

– ex-journaliste au *Devoir*, aujourd'hui président du Conseil supérieur de l'éducation – a soutenu, jurisprudence à l'appui, que la divulgation du passé criminel de Robert Piché et de son pardon n'étaient pas d'intérêt public, qu'«un tort a été ou pourrait être causé à Robert Piché» et «quoique de bonne foi, les médias ont commis une erreur de jugement et auraient dû s'excuser». Malgré tout, la question ne fait pas l'unanimité et continuera longtemps d'être l'objet de discussions dans les écoles de journalisme et autres tribunes où il est question d'éthique. Plusieurs, dans la profession, soutiennent que les médias ont parfaitement respecté la déontologie, que la divulgation du passé de Piché était d'intérêt public et qu'elle fournissait de plus la preuve que la réhabilitation existe. Le concert d'indignation du public envers les médias n'ébranle en rien leurs certitudes.

Dans tout le débat qui a suivi, il y a eu des points de vue particulièrement lumineux qui ont apporté un certain réconfort au pilote, comme celui de Lysiane Gagnon, de *La Presse* : «[…] Souvent, les délinquants, parce qu'ils ont plus d'énergie, d'audace et plus d'imagination que la moyenne, finissent par devenir des hommes remarquables, bien plus remarquables en un sens que les petits conformistes qui ne se sont jamais écartés du chemin qui leur était tracé.»

Robert Piché n'encourage pas pour autant les jeunes auxquels il raconte ses aventures à suivre sa voie à la lettre. Ce n'est pas la voie à suivre, loin de là. Mais il a la lucidité d'avouer qu'il a acquis, lors de son vol de trafic de drogue et, surtout, lors de son séjour en prison, une expérience qui a contribué à faire de lui un pilote encore plus aguerri, à développer cet instinct de survie qui lui a permis de s'accrocher, dans la nuit du 23 au 24 août 2001, confronté à une situation extrêmement dangereuse.

Le samedi matin suivant la parution des articles concernant son séjour en prison, il a rassuré Régine : «Les Québécois ont l'air de m'appuyer.» Ils sont allés ensemble faire des courses au marché Jean-Talon. Dans la semaine, Robert Piché affectionne particulièrement ce moment. Il se plaît à se promener d'étal en étal, à faire provision de légumes et de fruits frais, car il est très soucieux de son alimentation. «Je mangeais du tofu longtemps avant la mode!» blague-t-il.

Au premier étal, il a aperçu deux hommes qui discutaient en le montrant du doigt et cela le mettait un peu mal à l'aise. Ils ont quand même, sa femme et lui, poursuivi leur promenade dans les allées bondées où des gens le reconnaissaient et le félicitaient poliment. Il a toutefois remarqué qu'un attroupement se formait : ils étaient au moins une vingtaine autour des deux hommes en discussion, et Piché n'osait regarder trop longtemps en leur direction. Tout le groupe l'a entouré.

– Vous êtes bien le commandant Piché?

– Euh… oui.

– Vous êtes notre héros! ont-ils crié à l'unisson.

– Ouais, je suis peut-être un héros, a répondu le pilote, mais la deuxième nouvelle était moins drôle…

– Quoi? Les journalistes? Une bande d'écœurants, de fouille-merde! Ils n'avaient pas d'affaire à faire ça! Qui n'a pas fumé du *pot* dans sa jeunesse? dit l'un d'entre eux, un homme d'un certain âge avec un fort accent italien.

Ils étaient à 100 % favorables à sa cause et ces témoignages spontanés lui faisaient chaud au cœur.

Il a eu un congé d'Air Transat dans les semaines suivantes et en a profité pour consacrer davantage de temps à sa famille. Paul-André et Estelle étaient heureux d'avoir leur père à la maison tous les soirs de la semaine, alors qu'il passait habituellement plusieurs jours par mois à l'étranger.

Robert Piché profitait de ses vacances pour s'entraîner à la salle de sport tous les matins, avec encore plus d'intensité, et se détendre. Il était résolu à se servir de cette pause pour «cheminer», essayer de comprendre, d'assimiler ce qu'il avait vécu ces derniers temps. Cette fête mémorable du 22 septembre, à Mont-Joli, a été un véritable baume. À l'initiative de l'infatigable Gaétan Morrissette, un ami de la famille, et de Roger Boudreau, des centaines de personnes entassées à la polyvalente Le Mistral lui ont rendu un hommage qu'il n'oubliera jamais, en particulier cette ovation monstre de plus de huit minutes qui a suivi son arrivée dans la salle. «Je n'ai jamais vu une communauté se mobiliser aussi rapidement et en aussi grand nombre, jamais vu tant de gens avoir autant d'admiration et de fierté envers un concitoyen», a dit Danielle Doyer, députée de l'Assemblée nationale pour la Matapédia. Présente à la journée-hommage, elle avait remis à Robert Piché une médaille commémorative de l'Assemblée nationale du Québec. Entrevues aux journalistes, conversations avec des citoyens, séances de photos et d'autographes, la journée a été épuisante mais ô combien gratifiante pour le commandant Piché. «J'ai toujours été fier d'avoir grandi à Mont-Joli et je le suis encore davantage depuis ce jour», dit-il.

Avant son exploit, les Mont-Joliens le connaissaient et savaient qu'il était pilote sur un gros porteur. Mais quand il était question des enfants de Paul Piché, les gens parlaient surtout de Pierre, très impliqué dans la communauté, une sorte de vedette du monde des sports comme des affaires, et d'Alain, qui avait même été maire d'un village voisin (Pointe-au-Père). Le tour de Robert était enfin arrivé.

« Il est très rare qu'un des nôtres devienne un héros aux yeux du monde entier », a dit le maire Ghislain Fiola avant de lui donner le titre de premier « Grand Mont-Jolien » en présence de toute sa famille. Son ami le père Albert Cimon, que Robert avait connu 35 ans auparavant alors qu'il fréquentait l'école Saint-Joseph, a eu aussi de bons mots pour lui. Il a dit que, dès sa jeunesse, Robert Piché présentait des qualités qui l'ont servi dans cette épreuve : il était flegmatique, et sûr de lui. « C'est le genre d'homme qui n'est pas fait pour la routine mais pour l'adrénaline », a conclu le prêtre. Il avait tout compris, le bon père Cimon. Piché s'est souvenu du jour où ce prêtre l'avait fait venir dans son bureau pour lui dire qu'il n'était pas comme les autres et qu'il était voué à faire de grandes choses.

La cérémonie était diffusée en direct sur le Réseau de l'information de Radio-Canada (RDI). Mont-Joli a joui ce jour-là d'une exposition inespérée dans tout le pays et Robert Piché était bien heureux d'en être le principal responsable.

Le lendemain de la fête, un dimanche, Piché a agi comme servant de messe à l'église Notre-Dame-de-Lourdes. Près de 1 000 personnes s'y étaient entassées et l'événement a donné lieu à un moment tout à fait inusité. En pleine cérémonie religieuse, les fidèles se sont mis à chanter : «Y en a pas comme lui, y en a pas comme lui...» Du jamais vu dans ce lieu sacré. «Y a que le père Cimon pour oser faire cela», a pensé Robert.

De retour chez lui, il se remémorait parfois le film de l'incident du 24 août 2001. Une rencontre avec William Jones, un pilote de Delta, spécialiste du «facteur humain» au service de l'ALPA, à Washington, lui a fourni des arguments irréfutables qui l'ont aidé à retrouver la paix intérieure. «Tu n'as vraiment pas à t'en faire. Tu n'es pas un robot mais un être humain. Personne n'est mort. Tu n'es pas responsable de la panne. N'oublie jamais le facteur humain.» Il était impressionné, avait-il ajouté, par l'attitude de Piché à l'atterrissage, surtout lorsque l'avion a levé le nez avant de rebondir. «Tu as fait ce qu'il y avait à faire. Tu es un excellent pilote.»

Il était tout de même temps que Robert Piché recommence à piloter. En octobre, il s'est rendu en Floride pour l'entraînement sur simulateur, un exercice prévu depuis longtemps et qui n'avait rien à voir avec l'incident des Açores.

Il a repris les commandes de son Airbus 330 le lundi 12 novembre, à l'aéroport Charles-de-Gaulle à l'occasion du vol TS-583 d'Air Transat, Paris–Montréal. Pour ce premier vol depuis le 24 août, un pilote superviseur l'accompagnait, comme le dicte la procédure en pareilles circonstances. Il y a eu une certaine émotion, dans la cabine, lorsque les passagers ont su que Robert Piché était leur commandant de bord. Le mot s'est propagé rapidement et plusieurs voyageurs lui ont fait parvenir, par l'intermédiaire du personnel navigant, leurs billets, leurs cartes d'embarquement ou autres bouts de papier afin qu'il y appose son autographe! En vertu des nouvelles règles de sécurité, en vigueur depuis la tragédie du 11 septembre, aucun passager n'avait désormais le droit de franchir la porte du cockpit. Heureusement pour le commandant Piché, car il aurait été envahi. À l'aéroport de Mirabel, plusieurs passagers se sont fait photographier avec lui; il s'est prêté au jeu de bonne grâce.

Cette fois encore, les journalistes auraient bien aimé que Piché leur confie que ce premier vol depuis le 24 août lui avait procuré de grandes émotions. Ce n'était pas du tout le cas, il était tout simplement heureux de renouer avec sa profession, de reprendre les commandes d'un Airbus. Il n'était pas vraiment «rouillé» et avait encore tous ses réflexes. Il s'est cependant produit un événement, au cours de ce vol, qu'il n'oubliera pas de sitôt. Au moment où il se trouvait au-dessus de l'Atlantique, à peu de distance de l'endroit où il avait connu ses ennuis de moteur, il a appris sur les fréquences radio qu'un Airbus d'American Airlines, quittant quelques minutes plus tôt New York pour Saint-Domingue, venait de s'écraser dans un quartier résidentiel de Long Beach. À ce moment, en pleine psychose post-11 septembre, tout le monde pensait qu'il s'agissait d'un acte terroriste. Décidément, le commandant Piché n'est pas fait pour la vie banale. Pourquoi fallait-il que cet accident survienne au moment où il retrouvait son siège de pilote?

Cette gloire soudaine était une arme à deux tranchants. Il trouvait amusante la réaction des passagers, certains lui accordant même des ovations! En échange, il prenait conscience qu'il vivrait désormais avec une pression supplémentaire. La moindre petite erreur de pilotage de sa part, si banale et bénigne soit-elle, prendrait, à compter d'aujourd'hui, une importance disproportionnée dans les médias.

Si Robert Piché n'a pas eu de véritable conséquence post-traumatique, en revanche, sa consommation d'alcool a augmenté dans les semaines qui ont suivi son incident aux Açores. Il avait subi un stress exceptionnel et avait échappé de justesse à la mort : on perdrait la tête à moins. Il avait jusqu'à ce jour la réputation, partout où il était passé, d'être un bon vivant, d'être celui qui ne ratait jamais une occasion de faire la fête avec les amis, mais qui, en revanche, était toujours fidèle au poste le lendemain matin, pimpant, frais et dispos, prêt à s'installer aux commandes.

En matière de consommation d'alcool, les pilotes sont soumis à des normes sévères et ils les observent scrupuleusement, faute de sanctions graves. Au Canada, ils n'ont pas le droit de consommer une boisson alcoolique au cours des huit heures précédant leur vol. Mais les grandes compagnies ont des normes encore plus sévères. Ainsi, Air Transat exige que les pilotes respectent un délai de 12 heures. Ceux qui y dérogent sont vite dénoncés par leurs pairs et font face à des mesures disciplinaires sévères.

13

Les plaies de l'âme

Plus il réfléchissait aux dernières semaines, plus Robert Piché réalisait qu'il y avait un parallèle à faire entre sa vie après son atterrissage aux Açores et sa vie à sa sortie de prison. Dans les deux cas, il pouvait à juste titre se considérer comme un «survivant». Dans les deux cas, aussi, il ressentait une immense solitude. Dans les deux cas, enfin, il se retrouvait à un carrefour dans sa vie. En y pensant bien, il voyait poindre l'occasion de repartir à neuf et de crever un abcès vieux de 30 ans.

D'un commun accord avec son employeur, il a obtenu en février un congé de maladie pour se soumettre à une thérapie dans un centre d'aide pour alcooliques et toxicomanes. Air Transat a même eu l'élégance de payer les coûts de la thérapie.

Piché était prêt à tout faire pour se guérir de cette maladie qu'il contrôlait encore bien, mais qui risquait, tôt ou tard, de menacer sa santé et de compromettre sa carrière. Il se soumettait tous les matins à de longues séances d'entraînement en se disant que son excellente condition physique allait compenser. Mais il savait qu'un jour, il allait en payer le prix. Il devait venir à bout de ses démons et entreprendre la deuxième moitié de sa vie en toute lucidité.

La nouvelle de son arrêt de travail et de son séjour en thérapie n'a cependant pas été médiatisée. Il s'en est fallu de peu, toutefois, pour que cela ne vienne aux oreilles du grand public. S'il était préoccupé au gala Métrostar, début mars 2002, s'il a refusé de parler aux médias après son apparition sur scène et s'il a quitté rapidement le lieu du *party* d'après-gala, c'est qu'il craignait qu'un journaliste ne lui brandisse un micro sous le nez et lui demande d'expliquer pourquoi il ne pilotait plus depuis quelques semaines. «Il y a sûrement, ce soir-là, des gens qui se sont dit : "Maudit Piché! Il va se pavaner à la télé et joue la star, alors qu'il est en congé de maladie"», dit-il.

À la fin mars, ses patrons l'ont avisé qu'un journaliste de Télévision Quatre-Saisons (TQS) travaillait sur l'affaire. Le reporter s'est même rendu à l'assemblée des actionnaires d'Air Transat où il a tenté, en vain, d'interviewer le président du Groupe Transat, Jean-Marc

Eustache, à ce sujet. Pour court-circuiter le reportage et limiter les dégâts, Air Transat a choisi de publier un communiqué laconique confirmant que Robert Piché ne pilotait plus depuis peu de temps, qu'il était en congé de maladie jusqu'à nouvel ordre et que la direction lui offrait tout le soutien nécessaire. On lui avait auparavant demandé la permission d'émettre ce communiqué et il avait donné son accord. Les journaux en ont fait un entrefilet, au grand soulagement du commandant Piché qui, échaudé, imaginait déjà une série de gros titres à la une. Rien de tout cela ne s'est produit. Les journaux avaient-ils tiré des leçons de l'onde de choc déclenchée par la divulgation de son passé de trafiquant? C'est du moins l'explication de Piché. En ondes, le reporter de TQS s'est contenté de poser des questions sans fournir les réponses. «Est-ce un problème de drogue? Est-ce un problème d'alcool dont souffre Robert Piché?» a-t-il demandé. Ça s'est arrêté là. Au fond de lui, Piché n'avait pas objection à ce que le public apprenne son «léger problème d'alcoolisme», comme l'a diagnostiqué son médecin traitant, dans la mesure où il était extrêmement motivé à s'en sortir. Il y a, pensait-il, des milliers d'alcooliques et d'ex-alcooliques, dans toutes les couches de la société, qui, pour avoir eux-mêmes éprouvé les souffrances et les joies qui viennent avec cette maladie, le comprendraient. Piché ne veut surtout pas attirer la compassion, jouer les victimes. Il assume tout et reste conscient de ses responsabilités, comme il l'a toujours fait.

Il s'est donc présenté, début avril, à la clinique où son médecin traitant l'avait adressé. Il a senti une fois de plus tout le poids d'être désormais une personnalité publique. Dès le premier jour, la plupart de ses camarades de thérapie l'ont reconnu. Il s'efforçait de rester digne, de garder la tête haute et de se montrer optimiste et serein. Il y avait des gens de tous âges, de tous les milieux, des universitaires, des chômeurs, des artistes, des professionnels. Puisque son cas était «léger», il a eu le privilège d'être en thérapie «externe». Il participait à des séances quotidiennes, de midi à 21 h, et pouvait rentrer chez lui le soir.

Piché s'est appliqué à voir le côté positif de l'expérience. En un sens, croit-il, tout le monde, alcoolique ou pas, aurait besoin d'un arrêt de ce genre dans sa vie, afin de réfléchir sur soi, de se rapprocher de ses émotions. Il reste que ces sept semaines n'ont pas été une partie de plaisir. Il était un cas à la fois léger et atypique. C'est un peu comme si, aux yeux des thérapeutes, l'alcool devait nécessairement soigner des plaies de l'âme. Il persistait à leur dire qu'il ne buvait pas parce qu'il était malheureux, complexé ou traumatisé, ni parce qu'il avait souffert de l'absence de son père ou de quelque autre carence affective. Il ne buvait pas parce qu'il avait de la tristesse, de la rage ou de la colère refoulées. Il a été aimé et choyé par ses parents, et était un homme heureux et libre, même dans les moments difficiles. L'alcool ne l'a jamais rendu malheureux, il buvait par plaisir, sans plus. Ces mauvaises habitudes avaient augmenté depuis les événements du 24 août 2001. Il aimait le côté convivial de la chose, être assis autour d'une table, plaisanter avec des amis et savourer un grand cru, cela faisait partie des plaisirs de la vie. L'alcool ne l'avait pas, non plus, conduit à sa perte, il assumait pleinement ses responsabilités, se levait tous les matins pour prendre soin de ses enfants et avait un dossier professionnel irréprochable.

Robert Piché s'est abandonné dès le premier jour aux règles de la thérapie et il a dû s'avouer qu'effectivement, il y avait à l'origine de son comportement des émotions refoulées et quelques blessures de l'âme mal cicatrisées. L'expérience et le soutien de son thérapeute lui ont permis de prendre conscience de son passé.

Ce qui lui est apparu clairement, au cours de ces sept semaines d'introspection, c'est qu'il avait un besoin inassouvissable d'émotions fortes. Il ne pouvait se contenter du simple bonheur quotidien, ne pouvait être «au neutre», comme on dit, et c'est cela qu'il lui faudrait désormais apprendre.

Au cours de cette thérapie, il a beaucoup pensé à son séjour en prison. Avec ses compagnons, il revivait une solidarité semblable à celle existant entre détenus. Ils formaient entre eux une famille et vivaient des moments d'une grande intensité. Avec son thérapeute, il a développé une relation profonde, une grande complicité. Il lui est immensément reconnaissant.

En remontant le fil de sa vie, il a été amené à revivre les émotions vécues en prison. Il n'avait pas pris le temps, à sa libération, de faire le bilan de cette expérience et d'en évacuer les aspects négatifs. Il s'était, au contraire, étourdi pendant des mois dans les bars du centre-ville, avait fait des «excès de liberté», comme une bête qui, après avoir tourné pendant des mois dans sa cage, voit les portes s'ouvrir. Cette fois, il devait forcément s'astreindre à une introspection, une remise en question.

Le directeur de la clinique, un médecin spécialisé en toxicomanie qu'il admire au plus haut point mais dont il taira le nom, lui a dit un jour des paroles qui l'ont fait sourire et réfléchir. Il estimait «que 99,9 % des gens, placés dans une situation périlleuse comme celle à laquelle il fut confronté lors du vol TS-236, n'auraient pas su s'en sortir vivants », ajoutant « qu'il fallait presque être alcoolique pour réussir l'exploit qu'il avait accompli ». « Pourquoi ? » a demandé Piché, sceptique. « Parce qu'un alcoolique, même s'il a tendance à se mettre dans le pétrin, peut réussir des miracles pour se sortir d'une situation périlleuse », a répondu le médecin.

À mesure que sa thérapie avançait, Piché a découvert tout le bonheur de partager ses expériences et ses émotions. Il appréciait ses nouveaux amis : Jude, Serge, Denis, Luc, Elizabeth, Sylvain, Michel… Tout le bien aussi qu'on peut faire aux autres en leur démontrant qu'ils ne sont pas seuls avec leurs démons.

L'incident des Açores et sa thérapie lui ont permis de donner à sa vie un nouveau départ. Il se dit désormais non seulement libéré de son passé, mais aussi affranchi de l'alcool. Il sait que la guerre n'est jamais tout à fait gagnée, qu'il faut mener la bataille jour après jour. Ce qui lui plaît surtout, c'est l'idée d'aborder les prochaines années « la tête claire », en toute lucidité, d'être présent et de voir évoluer son fils et ses deux filles en toute sobriété.

L'incident des Açores et sa victoire sur l'alcoolisme l'ont en quelque sorte fait renaître. Son goût de l'aventure ne s'est pas éteint pour autant. Il ignore ce qu'il fera de ses prochaines années. À court terme, il entend poursuivre ses activités de pilote.

Sans pour autant vouloir se transformer en gourou, sans vouloir faire la morale à ses semblables, il éprouve le goût de transmettre aux autres ce qu'il a appris au cours des 30 dernières années, en particulier depuis l'été 2001. Lui qui en a tant bavé pour aller au bout de son rêve et parvenir enfin à être pilote sur un gros porteur au sein d'une grande compagnie aérienne, il pense avoir reçu un message à livrer et qui pourrait en inspirer plusieurs : «Qu'importe d'où vous venez, de la plus petite municipalité à la plus grande ville, de Mont-Joli ou de Montréal, vous pouvez aller au bout de vos rêves.»

Il lui semble que le seul récit de son parcours et des nombreux obstacles qu'il a surmontés pourrait donner le goût de vivre à plusieurs personnes qui croient leur vie sans issue. Il pense à tous ceux qui, comme lui, ont commis des erreurs de jeunesse et se retrouvent en prison. Non, ce n'est pas la fin de vos rêves, a-t-il envie de leur crier. Non, vous n'êtes pas condamnés à rester dans cet univers. Oui, vous pouvez vous en sortir. Cessez d'avoir peur, cessez de douter et accrochez-vous jusqu'au bout à la moindre chance, au moindre espoir. S'il s'était laissé abattre alors qu'il se retrouvait aux commandes d'un avion sans moteur au-dessus de l'océan avec 300 passagers, s'il avait été négatif, fataliste et résigné, s'il avait eu peur, s'il n'avait pas tout tenté, il serait assurément mort aujourd'hui. Peut-on, pourtant, imaginer une situation plus périlleuse, plus extrême? Il s'en est sorti parce qu'il aime la vie et qu'il refuse d'abdiquer, de se rendre, de démissionner. Son désir de survivre défiait la raison. Son instinct et sa pulsion de vie étaient plus forts, au point de lui faire vaincre toutes les lois de la probabilité.

Il pense aussi à tous ceux qui dérivent dans l'alcool et les drogues. Il connaît autant qu'eux les plaisirs qu'ils y trouvent pendant un certain temps et il sera le dernier à affirmer que leur vie n'est qu'enfer. Il a vu des ex-héroïnomanes, lors de sa thérapie, qui, vingt ans après avoir cessé de consommer de la drogue, en parlent encore avec les yeux brillants. Cela dit, il brûle par contre de leur dire que tout ce qu'ils recherchent dans ces substances, ils l'ont déjà en eux. Il faut prendre le temps de s'arrêter, de retourner au plus profond de soi et, après toutes les souffrances, une étincelle, une lumière jaillit, et elle est beaucoup plus durable que l'effet de tous les paradis artificiels.

Il a envie de s'engager, de redonner à la vie une partie de ce qu'il a reçu. Quelle forme prendra cet engagement? Il l'ignore encore. Thérapeute? Conférencier? Il a eu le bonheur de donner quelques conférences au cours des derniers mois et a vu des yeux s'allumer partout parmi son auditoire. S'exilera-t-il en Asie? Tout est possible, tout est permis. Robert Piché a de l'énergie, des réserves inépuisables de «carburant» pour plusieurs années encore. Il est prêt pour une autre traversée.

14

La rencontre d'un singulier personnage

> *Un héros n'est pas plus courageux qu'un homme ordinaire. Il est courageux cinq minutes de plus.*
>
> Ralph Waldo EMERSON

Nous nous sommes rencontrés pour la première fois, Robert Piché et moi, un soir de janvier, dans un restaurant du centre-ville de Montréal. J'avais enfilé mon plus beau costume, choisi la cravate la plus élégante. Je ne voulais rien négliger et être à armes égales afin de faire bonne impression. Dieu sait pourquoi, j'imaginais un homme austère et sérieux, bien cravaté, rasé de près, les cheveux coupés ras comme un militaire. Il est difficile de concevoir un pilote d'avion autrement, difficile surtout d'oublier l'aura et tout le folklore qui entourent ces commandants de bord quand ils marchent d'un air triomphal dans les aéroports, arborant cet uniforme et ces galons qui en imposent tant. Nous leur confions notre vie, après tout. En échange, nous les voulons, ou du moins nous les imaginons, plus que parfaits.

Il s'est présenté à notre rendez-vous avec un air *cool* et il a détruit du coup tous mes a priori avec ses bottes de cow-boy, ses jeans serrés, son froc de cuir, sa barbe de deux jours et ses cheveux mi-longs coiffant sa carrure athlétique. Dans le restaurant, des clients se sont retournés et on les entendait chuchoter «c'est bien lui, c'est le pilote!». L'une après l'autre, les serveuses devenaient de plus en plus empressées, au fur et à mesure qu'elles le reconnaissaient. Il lui est impossible désormais d'échapper à son statut bien involontaire de personnage public. L'exploit de Robert Piché a frappé des centaines de milliers de Québécois de tous les milieux et, plusieurs mois après l'événement, on l'aborde encore souvent dans la rue pour le féliciter. Piché en est d'ailleurs le premier surpris. Il croyait qu'on l'oublierait après quelques semaines, que cette popularité bien involontaire s'estomperait aussi rapidement qu'elle s'était manifestée. Les héros instantanés sont d'ordinaire vite remplacés.

Il n'était pas préparé à cette gloire. Les artistes de variété rêvent pendant des années du jour où ils auront acquis une certaine notoriété et ils apprivoisent leur célébrité graduellement, augmentent leur audience d'année en année. C'est le même phénomène pour les athlètes professionnels : ils s'habituent petit à petit à la gloire, du journal local aux grands médias, du petit aréna de banlieue aux gros amphithéâtres. Tout cela est arrivé à Piché en une seule journée, sans qu'il ait eu la moindre préparation. Encore chanceux qu'il garde la tête relativement froide !

Ce sont les femmes, surtout, qui lui adressent la parole, spontanément. Les hommes osent moins souvent. J'ai compris, dès ce soir-là, toute la fascination que ce singulier personnage exerçait. Quand il entre dans une pièce, il aspire spontanément tout l'air ambiant et devient malgré lui le centre d'attention. C'était vrai, ai-je appris plus tard, avant son exploit. Ce l'est d'autant plus depuis. « Il a quelque chose de particulier. Il a du charme, du chien », ont murmuré deux femmes assises à une table voisine. Vrai, comme l'a écrit son ami le chroniqueur montréalais Franco Nuovo, qu'il a « une sacrée gueule » et qu'il perce l'écran. Il a ce port de tête fier, cette façon d'habiter son corps qu'ont en général les acteurs. Sa popularité s'est confirmée, quelques mois plus tard, en mars 2002, quand il est monté sur la scène du Monument-National, lors du gala Métrostar, pour remettre un trophée au journaliste et animateur Paul Arcand. Il a reçu ce soir-là une longue ovation.

Je l'ai accompagné, à la fin juin, dans un hôpital de Mont-Joli et dans des usines de la région. J'ai constaté *de visu* que la fascination qu'il exerce n'avait pas baissé d'un cran. J'ai saisi ce que voulait dire le mot «charisme» en voyant se transformer les visages des malades et des travailleurs qu'il visitait, si fiers de l'accueillir. Ce n'est pas verser dans un quelconque ésotérisme que d'affirmer que certaines personnes dégagent une plus grande énergie que leurs semblables, qu'il se passe quelque chose d'inexplicable à leur contact, et Piché est de ceux-là. C'est indéniable.

Parallèlement, il continue de recevoir des centaines de messages de félicitations, du Québec ou d'ailleurs. La diffusion, début avril, d'un reportage d'une heure consacré à «l'un des plus grands exploits de l'histoire de l'aviation civile» par le réseau américain NBC dans le cadre de son émission *Dateline* a valu à Robert Piché une avalanche de courriels élogieux. Comme celui de Joe Varnagy, un ingénieur américain à la retraite : «Ma vaste expérience en tant qu'ingénieur me permet de comprendre à quel point il était difficile de faire atterrir ce gros oiseau métallique sur une petite île, sans l'aide des moteurs. M. Piché est mon héros et a fait preuve d'une habileté extraordinaire pour réussir cet exploit. J'espère un jour être passager d'un avion dont il sera aux commandes.»

Personne mieux que ses pairs ne peut apprécier à sa juste valeur ce qu'a accompli le pilote d'Air Transat. L'Air Line Pilot Association, l'organisation représentant plus de 66 000 pilotes de 43 compagnies aériennes du Canada et des États-Unis, a d'ailleurs choisi d'honorer Robert Piché et le copilote Dirk De Jager lors de son congrès annuel, à Washington, le 22 août 2002, en leur décernant le *Superior Airmanship Award*, un prix annuel prestigieux, pour leur atterrissage aux Açores. Les grands médias américains, de CNN au USA Today, ont consacré des reportages à Robert Piché, confirmant de ce fait, une fois de plus, l'importance de son exploit. Au cours de la remise du prix, diffusée en direct à la télévision d'État canadienne depuis Washington, le commandant Piché a profité de cette tribune inespérée pour remercier son copilote, Dirk De Jager, la directrice du vol TS-236, Meleni Tesic, et tout l'équipage pour leur travail exemplaire dans la nuit du 23 au 24 août. « Les médias se sont surtout attardés sur moi, au cours de la dernière année. Je n'étais toutefois pas seul dans cette histoire et je dois louer le travail du reste de l'équipage. Ils méritent leur part de reconnaissance », a-t-il dit. Sa femme, ses enfants, de même que sa vaillante mère, Estelle, et quelques autres membres de sa famille étaient à ses côtés lors de cette soirée mémorable. Sa mère, qui n'a jamais cessé de l'aimer et de l'appuyer, surtout dans les moments plus sombres de sa vie, était particulièrement émue et, fervente croyante, n'a pas manqué de remercier le Ciel, elle qui, vingt ans plus tôt, s'était rendue aux États-Unis voir son fils dans des circonstances tout à fait différentes. Que de chemin son fils bien-aimé avait parcouru entre leur rencontre dans une prison de Géorgie et cette soirée-hommage dans un grand hôtel de Washington. Elle n'avait pas de doute : de là-haut, son cher Paul voyait tout ça et devait être très fier de son fils...

Et le principal intéressé, comment se sentait-il, lui, ce soir-là? « J'étais heureux d'être récompensé avec mon premier officier, mais je n'avais aucune émotion particulière. Je pensais surtout à mon discours et je n'avais pas l'intention de bafouiller. » Tant pis, une fois de plus, pour ceux qui attendaient des élans de lyrisme de la part du commandant Piché...

Devant lui, au cours des derniers mois, j'étais en quelque sorte sa « boîte noire », celui qui recueille et reconstruit le récit de cette vie peu banale qui est venue bien près de finir brutalement. Tout comme celle des 291 passagers et des 13 membres d'équipage qui étaient à bord du vol TS-236. D'ailleurs, l'expert américain en catastrophes aériennes, William Jones, qu'il rencontra quelques semaines après son incident, lui avoua candidement son bonheur d'avoir devant lui un pilote en chair et en os, «parce qu'en général, a-t-il dit, dans des circonstances similaires, c'est-à-dire quand un gros porteur connaît des difficultés de même niveau, l'appareil s'écrase ou s'abîme dans l'eau et je dois me contenter du seul contenu des boîtes noires pour entendre la voix du commandant de bord». Dans ce cas-ci, c'est un peu comme si un médecin légiste pouvait bavarder avec celui dont il fait l'autopsie.

Le comédien québécois Luc Picard avait fait une virulente sortie, il y a quelques années, contre l'absence de modèles d'hommes forts et courageux au cinéma, au théâtre, à la télévision et même ailleurs dans la société québécoise, en politique, notamment. Rien n'a changé depuis. L'image d'hommes faibles, de perdants, de victimes est partout, y compris dans les publicités télévisées où l'homme, quand il n'est pas gauche et maladroit, souffre de dysfonction érectile… C'est peut-être un peu ce vide que Robert Piché est venu combler bien malgré lui, à en juger par les quelques centaines de lettres qu'il a reçues du public. Il a démontré malgré lui qu'il existe encore des héros, des êtres capables de tout pour sauver la vie des autres. Et on en tient un. Un héros humain, certes, au passé lourd. Mais un «héros» tout de même, c'est-à-dire «celui qui se distingue par ses exploits ou un courage extra-ordinaire», comme rappelle *Le Petit Robert*. Il faut croire que, tellement souvent déçus par les politiciens, les athlètes cupides et autres personnalités publiques, plusieurs ont trouvé en Piché sinon un héros, du moins un modèle de courage. C'est peut-être ce qui explique en partie l'engouement qu'il a provoqué. La mise au jour de ses frasques de jeunesse n'y a manifestement rien changé. Au contraire, il est apparu plus humain, comme un modèle de réhabilitation. Les Québécois aiment encore davantage les *bums*, les «enfants terribles», ceux qui ont succombé à quelque faiblesse avant de monter au sommet. Il était clair, au fil de nos échanges, que cet événement aura provoqué ni plus ni moins qu'une sorte de «renaissance» pour cet homme aux ressources hors du commun.

Dans son langage coloré, avec une candeur à mille lieues de la rectitude politique, Piché me lancera, lors d'une des nombreuses séances de travail, que «ça prenait pas une tapette pour le faire atterrir, cet avion-là»! Enterré sous une avalanche de lettres de lecteurs outrés par la divulgation des erreurs de jeunesse du commandant Piché au point de remettre en question leurs abonnements ou leurs habitudes de lecture, le rédacteur en chef du *Journal de Montréal*, Bernard Brisset, avait écrit : «Robert Piché est de la trempe des Indiana Jones, des Crocodile Dundee et de ces autres personnages de cinéma qui se sont illustrés par leur sang-froid, leur courage, leur habileté à triompher des situations périlleuses, toujours au risque de leur vie et souvent sans égard aux lois.» J'avais souri, à l'époque, de voir Piché comparé à des héros fictifs si grands, voire caricaturaux. Un an plus tard, après avoir entendu et refait le récit de sa vie, je conclus que les comparaisons de M. Brisset n'étaient pas sans fondement...

En entamant ce livre, je voulais avant tout savoir comment Robert Piché avait vécu de l'intérieur l'événement du 24 août 2001, connaître ce «ressort invisible» qui l'anime pour m'en inspirer. J'abandonne aux équipes d'experts qui s'y affairent depuis plus d'un an l'exploit de faire toute la lumière sur l'incident. Ce qui est déjà établi, c'est que cet homme a sauvé plus de 300 vies après avoir dû faire face à une panne qu'il n'avait, à l'origine, pas causée. Quelques jours après l'atterrissage en catastrophe aux Açores, Transports Canada imposait d'ailleurs une amende de 250 000 $ à Air Transat pour avoir permis 14 vols avec un moteur mal configuré. Le transporteur reconnaissait l'erreur de ses mécaniciens qui n'avaient pas suivi la procédure du fabricant en remplaçant l'un des deux moteurs. Le pilote a-t-il aggravé la situation pendant quelques instants, avant de disposer de toutes les informations nécessaires? Peut-être. L'enquête le confirmera. Mais quoi qu'en diront tous les «gérants d'estrade» tentés par des jugements péremptoires, cela n'enlève absolument rien à son exploit. «Dans 20 ans, on parlera encore de cet atterrissage dans les écoles de pilotage du monde entier, m'assure un ingénieur aéronautique. Comme on traite encore du célèbre Gimli Glider.» Il y a, en effet, un précédent comparable au vol TS-236. Le 23 juillet 1983, le commandant Bob Pearson était aux commandes d'un Boeing 767 d'Air Canada effectuant la liaison Montréal–Ottawa–Edmonton. À la suite d'une série d'erreurs humaines et mécaniques, l'appareil avait manqué de carburant et s'était retrouvé sans moteur, mais toutefois de jour et au-dessus de la terre ferme. Pearson avait alors fait planer son jet de 132 tonnes jusqu'à la piste d'une base militaire désaffectée de Gimli au Manitoba. Les 61 passagers et les 8 membres de l'équipage avaient atterri sains et saufs. Dans un livre paru en 1989, intitulé *Freefall*, le pilote racontait qu'il «n'avait éprouvé aucune émotion» en exécutant ses manœuvres d'urgence, qu'il s'était senti «comme un robot». Le commandant Pearson a par ailleurs communiqué avec Robert Piché, quelque temps après l'incident des Açores, pour lui offrir son soutien moral.

Pourquoi, en certaines situations catastrophiques, certains s'écroulent et d'autres, comme Robert Piché, se surpassent? Le célèbre psychologue de l'aviation Stanley Roscoe, de l'université de l'Illinois, lui-même ex-pilote de guerre, a mené de longues recherches sur le «facteur humain» chez les pilotes. Il a fourni quelques clés en développant son concept d'«éveil situationnel», qui se définit en quelque sorte comme la capacité de surveiller simultanément plusieurs sources d'information en évolution constante, l'aptitude à comprendre ce qui se passe et à établir un ordre de priorité pour ensuite choisir l'action à prendre. Le degré d'«éveil situationnel», a découvert le chercheur, varie d'une personne à l'autre, indépendamment de leur formation préalable ou de leur milieu d'origine. De toute évidence, Robert Piché possède un niveau exceptionnel d'«éveil situationnel» et c'est ce qui lui a sans doute permis de réussir à poser son appareil après avoir perdu l'usage de ses deux moteurs.

Dans son essai *Le Ressort invisible – Vivre l'extrême* (Seuil, 1994), le psychologue français Gustave-Nicolas Fischer se penche sur le cas de ceux qui, sans l'avoir voulu, ont fait face à une mort plus ou moins inéluctable. Après avoir analysé les témoignages de survivants de guerres, de maladies incurables ou de catastrophes, il dégage un point commun chez ces rescapés de la vie : «[…] ils nous apprennent que, au fond, le véritable échec n'est pas la mort mais le fait de ne pas vivre pleinement.» Ils ont acquis, explique-t-il, une connaissance de la vie que seule l'expérience «extrême» apporte et nous avons beaucoup à apprendre d'eux.

Peut-être avons-nous justement beaucoup à apprendre de Robert Piché. Le pilote a rapidement compris que, sans pour autant tomber dans la psycho-pop ou sans jouer les *preachers*, il avait à sa façon une sorte de «message» à livrer à tous les naufragés de la vie et à ceux, décrocheurs, détenus ou autres malheureux confrontés à des situations périlleuses, qui sont tentés par le désespoir, qu'il faut s'accrocher, épuiser le «champ du possible», lutter désespérément, même quand l'ultime défaite semble au rendez-vous. Qu'il faut aussi *croire*, quelque chose, quelque part. Sa foi n'est pas intellectuelle ou artificielle. Elle est instinctive, viscérale, toute simple. Il veut aussi montrer aux jeunes qu'un «p'tit gars de Mont-Joli», un jeune issu des régions, peut aller loin, jusqu'au bout de ses ambitions, s'il cesse d'avoir peur, affronte les embûches la tête haute et apprend à avoir confiance en ses moyens.

Nous nous sommes revus des dizaines de fois, au printemps, jusqu'à ce que ma «boîte noire» soit pleine. Il m'a livré sa vie en pièces détachées. J'allais en reconstruire le puzzle. Nous avons eu notre dernière «séance de travail», Robert Piché et moi, à Sainte-Luce-sur-Mer, au chalet familial, sur la rive du golfe du Saint-Laurent. De la fenêtre du salon, on pouvait contempler le spectacle d'une volée de cormorans dans le ciel qui était ce jour-là d'un bleu céruléen. Qu'il est beau ce coin de pays qui fait le pont entre le Bas-Saint-Laurent et la Gaspésie! Attentionnée et aimante, Estelle nous a préparé le dîner. J'ai failli l'appeler «maman» tellement je me sentais enveloppé de cette chaleur maternelle qu'elle exulte. Elle avait, le matin même, cuisiné une tarte aux fraises pour que nous puissions terminer en beauté ce repas d'au revoir. Quand je lui ai demandé le secret de sa longévité et, surtout, de sa forme exceptionnelle, elle a répondu sans hésiter : «Je me suis toujours consacrée aux autres.» Elle confirmait ce que je croyais. La bonté et l'abandon de soi, voilà la clé. Au fil de mes conversations avec Robert Piché, j'ai fait progressivement la connaissance d'un incorrigible aventurier, un «*bum* de bonne famille», comme il dit lui-même, un optimiste animé d'une extraordinaire capacité de rebondir. Un être humain, aussi, aux prises avec ses faiblesses et ses démons qu'il apprend enfin à chasser. «J'étais un vrai gars des

269

années 70, un éternel fêtard», se plaît-il à rappeler. Il y avait, résume-t-il, deux personnes en lui. C'est en somme une dualité vieille comme l'humanité, présente chez tous les hommes. Sauf que lui, il la vivait à plein. Dans une cabine de pilotage, il y avait le Robert Piché extrêmement responsable et consciencieux, soucieux de la sécurité de ses passagers. C'est un pilote dont le talent est reconnu par tous. Un pilote d'instinct, disent d'ex-collègues, comme Guy Lafleur – à qui il ressemble étrangement, par ailleurs, jusque dans ses traits et dans son regard déterminé – était un joueur d'instinct et non pas un technicien. «J'irais au Ciel avec lui. Si j'avais été passager du vol TS-236, je n'aurais pas eu peur», jure son ami Harry Barre, de Mont-Joli, qui a volé des centaines d'heures en sa compagnie. Il l'a vu des dizaines de fois atterrir là où personne ne songeait même tenter de se poser et décoller dans des conditions tout aussi exécrables.

Mais quand Robert Piché avait mené ses passagers à bon port et qu'il éteignait les moteurs de l'appareil, un tout autre homme se levait en lui, poussé par un désir insatiable de faire la fête et de séduire, une quête sans fin de nouveaux *buzz* – ce mot anglais, dans l'acception qu'il lui donne, revient dans son vocabulaire toutes les cinq minutes –, de vivre sa bohème jusqu'à plus soif. Toute sa vie, il a cherché à échapper à la médiocrité, aux pièges de la résignation, de la facilité et du confort matériel. Toute sa vie, il a cherché l'absolu et l'aventure. Aujourd'hui encore, à l'aube de la cinquantaine, il caresse le rêve d'aller vivre dans un pays d'Asie, une région du monde qui le fascine.

Au fil de nos rencontres, j'ai réalisé aussi, ironiquement, que ceux qui pestaient contre les révélations sur son passé au lendemain du 24 août avaient, en un sens, tout faux, dans la mesure où l'expérience de la prison a renforcé en lui cet instinct de survie qui l'a sauvé lors de son fameux vol plané.

Nous aurions pu poursuivre indéfiniment la conversation. Le récit de la vie de Robert Piché s'étirait sans cesse. D'une rencontre à l'autre, une anecdote nouvelle s'ajoutait, un détail lui revenait, un souvenir remontait à la surface. Mais il me fallait, à partir de ce jour, m'isoler dans la tranquillité et la solitude pour entreprendre de recoller tous ces fragments de vie qu'il m'avait offerts en vrac.

J'ai déballé ma «boîte noire» et écouté puis réécouté l'enregistrement de nos dizaines d'heures de conversation. Nul doute : c'est un raconteur intarissable, doté d'une mémoire phénoménale. Pas étonnant qu'il ait tenu le rôle principal dans une pièce de théâtre en prison!

Il a la verve, les mimiques et le sens du drame des comédiens. Et il est plus drôle, à ses heures, que la majorité des prétendus humoristes. Il sait raconter une histoire, bien établir le contexte, livrer le détail qui résume tout. Il construit son récit en un crescendo qui débouche neuf fois sur dix sur un savoureux dénouement. L'épisode de la *Thanksgiving* en prison pourrait faire l'objet d'un monologue digne des anthologies.

J'ai vite compris pourquoi il devenait si naturellement le centre d'attraction, celui autour de qui on se regroupait quand il fréquentait les bistros. À la Légion de Mont-Joli, où nous étions allés la veille, ses amis attablés autour d'une bière étaient suspendus à ses lèvres. On sentait une amitié sincère, un attachement qui remonte à bien avant le 24 août. Les plus vieux, émus, revoient en lui son père, Paul.

«Ce que l'on sait de quelqu'un empêche de le connaître», a écrit un jour le romancier français Christian Bobin. Ce que l'on croit savoir d'une personne, en effet, ce qu'on a lu dans les journaux ou ce que d'autres en ont raconté dresse souvent un mur et empêche la véritable communication. Ce que nous lisons dans les médias n'est souvent qu'une infime partie de la réalité. Sitôt que l'on s'attarde à un sujet, sitôt que l'on traverse les miroirs déformants, on est frappé de voir à quel point les médias livrent une représentation qui n'est pas fausse mais souvent mince et réductrice. La vie d'un homme est un flot ininterrompu, qui coule comme une rivière. Les médias y tendent leur filet parfois et n'en ressortent qu'une infime partie, à un moment précis, sans connaître la richesse et la complexité du paysage en amont.

C'est souvent dans les silences, dans les regards et en observant une foule de détails que l'on apprend à mieux connaître les gens. Voilà pourquoi, au-delà de ces milliers de mots que j'ai écoutés et patiemment retranscrits, ce qui me reste surtout, ce sont des gestes, des instants de tendresse qui en révèlent davantage sur sa personne que l'énumération de tous ses faits d'armes. C'est ce sourire attendri qu'il posait sur sa jolie fillette de cinq ans, Estelle, quand elle venait parfois nous saluer. Il est déterminé à lui donner tout ce qu'il n'a pu offrir à sa fille aînée : un père présent, sobre, dans un foyer stable. Je pense aussi à la douceur de sa voix quand il parlait à son fils Paul-André.

Je me sentais presque coupable, parfois, d'être l'un de ceux qui lui volent son intimité et qui pillent son jardin secret. Il lui fallait beaucoup de courage pour accepter que sa vie, jusque-là «privée», soit ainsi étalée au grand jour.

J'ai aussi entrepris au cours de l'été de relire quelques œuvres d'Antoine de Saint-Exupéry, de même qu'une biographie que lui a consacrée Nathalie Des Vallières, *L'archange et l'écrivain* (Gallimard, 1994). Je voulais me replonger dans l'univers de celui qui a vécu de front ses passions pour l'aviation et l'écriture et qui est l'auteur du *Petit Prince*, traduit en 103 langues, l'un des trois premiers livres les plus lus de l'histoire de l'édition, après la *Bible* et *Le Capital* de Karl Marx. C'est ce même Saint-Exupéry, d'ailleurs, féru de voyages et d'aventure, qui a dit un jour : « La gloire, elle vous laisse d'abord tellement seul. » C'est lui, aussi, qui a écrit des pages parmi les plus extraordinaires décrivant la liberté incommensurable et les sensations inexplicables qu'éprouvent ceux qui volent : « Les ailes frémissaient dans le souffle du soir. Le moteur, de son chant, berçait l'âme endormie. » Les pilotes d'avion ont une lecture du monde qui leur est propre, ont accès à d'autres dimensions, ont un regard sur la vie bien à eux. Dans le même esprit, *Jonathan Livingston le goéland*, celui qui voulait voler mieux et plus vite que ses pairs, celui qui a touché des millions de lecteurs et de cinéphiles, est né de l'imagination d'un ex-pilote de chasse de l'U.S. Air Force, Richard Bach.

Ce serait faire injure à l'un des plus grands écrivains du siècle dernier que d'élever le commandant Piché à la hauteur d'Antoine de Saint-Exupéry. Mais je n'ai pu m'empêcher de me livrer au jeu de la comparaison et de chercher des rapprochements entre les deux hommes. J'ai constaté plusieurs similitudes dans leurs parcours. C'en était troublant. Tous deux ont fait carrière dans l'aviation et ont sillonné le monde, bien sûr. Tous deux étaient des élèves moyens à l'école, ce qui n'est pas une coïncidence particulièrement frappante. Tous deux détestaient la théorie. «Antoine aime piloter mais la théorie l'ennuie», écrit sa biographe. Robert Piché a échoué à ses premiers cours théoriques au cégep et n'a cessé de me répéter qu'il était avant tout un «pilote d'instinct» et qu'il n'aimait pas se plonger dans les manuels de théorie. Il idéalisait sa période à Air Gaspé, là où son patron lui disait d'oublier les livres et de monter avec lui dans l'appareil, qu'il allait lui «montrer comment ça marche».

Robert Piché avait le fantasme fou, alors qu'il était adolescent, de se voir un jour pilote d'un chasseur dans l'armée américaine. Il a renoncé à son ambition, notamment parce qu'il détestait l'armée et ses «lieutenants qui vous humilient en pilant sur vos souliers parce qu'ils sont mal cirés». Écoutons ce que dit Saint-Exupéry à la veille de son examen d'élève officier de réserve : «Je ne tiens pas à être reçu. Je ne tiens pas à m'abrutir dans une école sinistre de théorie militaire. Je n'ai pas l'âme d'un adjudant.» Saint-Exupéry aimait voler et vivre la nuit. «Je n'ai jamais vécu qu'après 9 h du soir», a-t-il un jour confessé. Robert Piché adorait la vie nocturne au point de sacrifier une partie de sa jeunesse dans le «*Montreal By Night*» et, aux commandes de son Airbus, il savoure particulièrement les vols de nuit, au-dessus des grandes villes et de leurs chapelets de lumières. D'autres points en commun qui se sont imposés : quand il a publié *Vol de nuit*, Saint-Exupéry a connu une immense gloire et a subi du fait l'inimitié et la jalousie de ses camarades pilotes. Quand il a réussi son exploit aux Açores, Piché a aussi connu la gloire soudaine. Quelques jours plus tard, un de ses ennemis, probablement un pilote, a téléphoné aux journaux pour rappeler qu'il avait un passé criminel. La nouvelle est sortie avec les conséquences que l'on sait.

Mais le plus loufoque des points en commun est carrément invraisemblable. À un moment de sa vie, Robert Piché a dû quitter l'aviation. Pour survivre, il est devenu pendant un certain temps vendeur d'automobiles. À l'automne 1924, peu de temps après avoir été démobilisé, Saint-Exupéry a cessé de piloter pour sillonner la France à titre… de vendeur de camions. Ce fut, de son aveu, l'une des périodes les plus tristes de sa vie… Cocasse, non? Troublant, même. Et si le pilote québécois avait, lui aussi, à sa manière, un quelconque héritage moral à répandre?

Robert Piché est-il un « héros »? Certains le croient aveuglément, au point d'en perdre toute objectivité. D'autres en douteront toujours, parfois parce qu'ils sont incapables d'accepter la notion même de « héros », parfois simplement parce que c'est leur façon de s'inscrire en faux contre tout le tapage médiatique et les célébrations dont est l'objet le pilote.

Au fond, quelle importance peut bien avoir cette étiquette de « héros »? L'essentiel n'est pas là. L'essentiel n'est pas dans les mots mais bien dans les gestes.

L'essentiel, pour reprendre les mots de l'essayiste américain Ralph Waldo Emerson, c'est que Robert Piché a été « courageux cinq minutes de plus qu'un homme ordinaire ». Il a sauvé 304 vies après avoir été confronté malgré lui à une situation extrêmement périlleuse. Sans son aplomb et sa volonté obstinée de se tirer d'impasse, des milliers de destins auraient été brisés. Des dizaines d'enfants, à Lisbonne ou à Toronto, seraient orphelins. Des amoureux seraient endeuillés, des familles seraient à jamais brisées, des amis seraient séparés.

À l'entendre raconter ses combats, ses victoires, ses défaites et ses recommencements, il nous redonne forcément un peu de son courage. Ce n'est pas un intellectuel et il est peu versé dans la théorie. Ce n'est pas non plus un émotif enclin aux épanchements et à la sensiblerie. Le «message» qu'il tient à livrer s'impose pourtant éloquemment : nous avons tous en nous des ressources insoupçonnées qui font que nous devrions cesser d'avoir peur, mordre à fond dans la vie et nous battre jusqu'au bout, même quand la fin semble imminente.

La véritable tragédie, dit-il à sa façon, ce n'est pas de mourir. C'est plutôt de ne pas vivre pleinement. Il appelle à combattre cet ennemi intérieur qui nous paralyse de peur ou nous endort dans la médiocrité, l'ennui et le confort matériel. Il nous dit : accrochez-vous au plus petit espoir, à la moindre petite lumière que vous percevez du fond de votre noirceur. Il n'a pas à jouer les *preachers*. Il n'a qu'à témoigner et la magie opère. Il incarne, mieux que toutes les thèses des plus savants criminologues, la réalité de la réhabilitation. Sa vie est un scénario digne de Hollywood : combien de pilotes de ligne ont-ils réussi des exploits comme le sien? Et combien de pilotes ont séjourné dans des prisons américaines avant de devenir ce qu'ils sont? Nous avons affaire à un homme d'exception, pas de doute. Je me suis souvent imaginé à ses côtés, lors du célèbre vol vers Lisbonne, et j'ai compris le type d'ondes qu'il avait dû envoyer à l'équipage. Il a cette assurance tranquille qui défie toutes les lois.

À vrai dire, je me fous qu'il soit sacré «héros» ou non; qu'il reçoive deux ou trois médailles de plus ou non. Je sais par contre qu'il m'a donné des leçons de vie toutes simples qui m'inspireront longtemps. Ce n'est pas rien. Merci, commandant Piché!

Annexes

À la suite de son exploit du 23 août 2001, le commandant Robert Piché a reçu des centaines de lettres. En voici quelques-unes :

3 septembre 2001, Sainte-Foy, Québec

Monsieur Piché,
Je suis une grand-mère à cheveux blancs qui vient vous dire toute son admiration. Vous avez réussi un exploit dans une situation *impossible*! Vous êtes une personne hors de l'ordinaire et un GRAND HOMME, un Héros.
Honte sur les médias d'ordures au service de la bassesse et de la jalousie. Nous crachons joyeusement dessus.
Mes salutations respectueuses,
Thérèse Cauvier

Lettre adressée à *The Mayor of Mont-Joli*, Québec

September 3, 2001, Calgary, Alberta.

Dear Mayor,
Enclosed is a check for $ 100. This is to help pay for the honouring of Captain Piché who is truly a hero. He showed calm judgment and that he knew his job. He saved all those people. Who gives a damn about the marijuana, the federal government is selling it now. I am sure most Canadians think Captain Piché is truly a hero. Thank you for honouring him.
Sincerely,

Jim Wolter

Déposée au domicile de Robert Piché

M. Piché,
Bienvenue chez vous. Vous nous avez vraiment impressionné. Félicitations pour votre courage. Acceptez toute notre admiration. Nous sommes fiers de vous. Des voisins d'en face.

Micheline et Jean-Claude

August 28, 2001, Nepean, Ontario

Dear Captain Piché,
I would like to take this opportunity to congratulate you on the remarkable feat of airmanship shown by you in landing your crippled aircraft without fuel in the Azores last weekend.
I know for sure that you and your crew have the best wishes of every pilot, certainly in this country, if not the world for your achievement.
But for your skill and dedication to your crew and passengers, all aboard would most probably have perished.
Well done!
Yours truly,
Captain Donald S. Cameron,
(retired) Air Canada

Octobre 2001, Mont-Joli, Québec

Bravo, Capitaine Robert Piché pour l'exploit surhumain d'avoir sauvé la vie à 304 passagers! Seule votre grande Foi en Dieu vous a permis d'atterrir à bon port, fait miraculeux.

Tel fils suppose telle mère! Oui, chère amie Estelle, tous nos hommages! Tu es une mère affectueuse, une éducatrice exceptionnelle. Tes enfants te le prouvent bien aujourd'hui. Dieu merci d'avoir accompagné Robert! Continue de veiller sur lui et sa famille.

Chaleureuses amitiés,

Brigitte et Émilien

August 30, 2001, Darien, CT USA

Dear Captain Piché,
I want to personally congratulate you for not only saving your own life but over 300 other people's lives under harrowing circumstances.

I especially want to thank you for saving the live of one of my cherished brothers, and his wife and child. Captain Kevin Judge is not only beloved by the firefighters who serve under him, but very dearly loved by his brothers and sisters. He is as fine a man as you appear to be, and always acts under stress admirably, as you have done superbly.

We would have been devastated if we had lost him, his wife, and child. And so we owe you a great debt for bringing in a plane that under probably any other captain, would not have made it in safely.

With deepest gratitude,

Jacqueline Judge

26 août 2001

Bonjour Robert,
Quand à la télévision on a annoncé l'atterrissage exceptionnel du A-330 d'Air Transat, j'ai dit à ma femme : « Je suis sûr que Robert Piché était aux commandes ! » J'ai ensuite appelé André Lévesque qui me l'a confirmé. Bravo ! Je suis très fier de toi !
Sincèrement,

Yves Graton

Cher Monsieur,

Si mon frère André Fauteux vivait, il vous le dirait de vive voix, alors, de tout cœur, à sa place, je vous félicite pour votre exploit. André a travaillé avec Québécair et votre compagnie. J'ai peine à écrire, car je suis handicapée visuelle et... 86 ans. Je me permets de vous faire l'accolade.

Denyse Fauteux-Bastien

September 25, 2001

Dear Robert Piché,

I was so very pleased to read about the celebration in your honour in the city of Mont Joli.

I don't know what the final investigation will determine but we do know that there was no training for you or any other pilot on how « to float » a huge jet for 18 minutes no motors and land it successfully on a runway. This was due to you exercising your talent and skill and that was deserving of every praise possible! You accomplished something never before in history. If you insist that you are not a hero, your thinking and your planning and your execution were brilliant.

I wish we would have found one, only one media person with the courage to have criticized all those that found the need to smear your fantastic accomplishment with something you did more than 20 years ago – for which you had already paid the price. Not a single one had the bravery or guts to support you. That's what we live with in our society.

I am very proud of you. I don't know whether you are familiar with our company but we do feature the world's best quality footwear. I would like to offer you and your wife a pair of shoes, compliments of Browns. Also my wife and I would be most pleased to entertain you at dinner. Please phone me when you next come to Montreal.

Congratulations, you are very special,
Morton Brownstein
Chairman

Browns Shoe Shops Inc.

20 septembre, Drummondville, Québec

Bonjour Commandant Piché,
Une dernière missive pour vous souhaiter un bon retour au travail. Nous avons suivi les cérémonies d'honneur dans votre patelin sur RDI. Ils vous ont fait avoir chaud… Quand vous passerez au-dessus de Drummondville dans votre gros oiseau blanc et bleu, nous vous promettons de vous saluer de la main!

La famille Gendron

24 septembre 2001, Rimouski, Québec

Monsieur Robert Piché,
Avec tant d'autres personnes qui vous admirent, moi aussi, avec mes 80 ans, je veux vous offrir mes félicitations et j'ajoute la santé et ma prière dans votre travail en n'oubliant pas votre chère famille.

Tous les matins, je prie le seigneur pour ceux qui circulent, air, terre et mer. Puis-je vous demander une carte souvenir signée Robert Piché?

Sœur Françoise Gélinas, f.j.

Bonjour Commandant Piché,

C'est avec plaisir que nous vous avons revu à RDI à la suite de la couverture médiatique qu'ils vous ont accordée lors de la remise du *Superior Airmanship Award* à Washington. Vous semblez en excellente forme! Nous avons bien apprécié l'entrevue accordée à Christine St-Pierre où vous semblez décontracté et serein, nous laissant entrevoir un peu plus qui est Robert Piché. Mais il semble que ce n'est qu'un début, car nous aurons votre récit autobiographique à lire cet automne!

J'ai une demande inusitée à vous faire. Je sais que je devance l'ordre des choses, mais auriez-vous l'obligeance de me dédicacer votre livre sur le cartonnage inclus dans cet envoi? Dès que le livre arrivera à Drummondville, j'irai me le procurer et je collerai le tout à la première page…

Je vous remercie beaucoup et nous vous souhaitons un bon retour au travail!

Lorraine Gendron & Cie

It's great to
have you back!
S. Jananouski

Au plaisir de
Te revoir
Richard

Merci d'avoir revenu,
on m'a besoin de pilote
comme vous. Merci encore.

Welcome back!
Let's an honor
having you on board
Erin McHugh

Heureux
de te revoir
Dominic Levasseur

Good to see
you back
Philippe Lepault

Joyeux retour,
on est très
contents de te
revoir!
J. Andlane

Carte de souhait remise à Robert, par ses collègues, à son retour
au travail.

ROBERT,

WELCOME BACK

TO THE 'CRAZY"
AIR TRANSAT GANG!

Samy Giuliani

Bienvenue A Bord, Capitaine.

Amicalement Benoît Soucy

Nice to have
you back

Nice to see
you back in
that Chair ©
Gauco

Ce volume a été achevé
d'imprimer au Canada
en février 2005.